RE· ISSUE SERIES | **05**

시간이 지나도 책에 담긴 가치는 변하지 않습니다. 당신의 성장과 성공을 위해
리-이슈(재발간) 시리즈는 매일매일 책상 위에 올려두고 싶은 책을 엄선하여 소개합니다.

THE IRRESISTABLE OFFER:
How to Sell Your Product or Service
in Three Seconds or Less

THE
IRRESISTIBLE
OFFER

거절할 수 없는
제안

THE
IRRESISTIBLE
OFFER

거절할 수 없는
제안

마크 조이너 Mark Joyner 지음 | **조기준** 옮김

나비의 활주로

✦ **"세계에서 가장 빨리 책을 읽어 기네스북 인증받은 사람으로서 출간된 거의 모든 비즈니스 및 마케팅 책을 읽었다.** 마크 조이너의 『거절할 수 없는 제안』은 비즈니스 성공으로 가는 가장 확실한 방법이다. 작은 비즈니스든 큰 비즈니스든 수익을 내고 싶다면 거절할 수 없는 제안이 출발점이 되어야 한다."

- **하워드 버그**, "세계에서 가장 빨리 책 읽는 사람",

『Maximum Speed Reading』 저자, www.mrreader.com

✦ "3초 만에 물건을 판다고? 물론이다! 마크 조이너는 당신을 성공으로 이끄는 거절할 수 없는 제안을 쉽게 구성하는 방법을 알려준다. 소중한 고객의 마음을 사로잡는 비법을 배울 것이다. **경쟁자들보다 먼저 이 정보를 얻어라."**

- **켄드릭 클리브랜드**, 『Maximum Persuasion』 저자, www.maxpersuasion.com

✦ "마크 조이너는 가장 똑똑하고 성공한 인터넷 마케터이면서 정직과 성실의 가치를 진정으로 이해하는 사람이다. 거절할 수 없는 제안도 중요하지만, 종종 간과되는 저작권 영역에 대해 눈

뜨게 해줄 것이다. **다른 곳에서는 볼 수 없는 적당한 무료 보너스를 찾는 방법에 대한 그만의 규칙은 그만한 가치가 있다.**"

- **셀 호로비츠**, 『Principled Profit: Marketing That Puts People First』 저자,

Business Ethics Pledge 설립자, www.principledprofits.com

◆ "제대로 된 제안을 하면 다른 건 전부 수월해진다. **이 책은 수백만 명을 위한 처방전이다.**"

- **폴 마이너스**, TalkBiz News 편집자, talkbiznews.com

◆ "배우고 싶은 현대 마케팅 천재 중 한 명을 선택해야 한다면 **마크 조이너일 것이다.** 『거절할 수 없는 제안』은 크게 성공하고자 하는 모든 사람이 읽어야 한다."

- **랜디 길버트**, 일명 "Dr. Proactive" The Inside Success Show 진행자,

TheInsideSuccessShow.com

◆ "『거절할 수 없는 제안』은 믿을 수 없을 정도로 대단한 책이다. 마케팅 관련 이론서는 많지만 이건 다르다. 마크 조이너는 실제 테스트에서 수백만 달러를 거두고 실질적인 결과를 바탕으로 입증된 전략을 알려준다. **제시된 공식을 따르는 사람은**

곧 놀라운 결과를 보게 될 것이다.”

- **숀 케이시**, 『Mining Gold on the Internet』 저자, www.ShawnCasey.com

◆ “마크 조이너는 잠재적 고객이 구매하는 가장 강력한 이유 중 하나인 거절할 수 없는 제안의 이용에 초점을 맞춰서 **많은 마케팅 서적에서 빠진 연결 고리**를 알아봤다. 거절할 수 없는 제안은 잠재적 고객이 제품이나 서비스를 구매하는 중대한 결정을 내리도록 하는 원동력이다. 지금까지 이렇게 중요하지만, 이따금 간과되어 온 주제에 대해 완전히 초점을 맞춘 책은 없었다. 마크 조이너는 심리, 과학, 예술의 모든 면을 포착해서 거절할 수 없는 제안을 만들고, 매우 이해하기 쉬운 방식으로 소개한다. 꼭 읽어보길 바란다.”

- **조 슈가맨**, BluBlocker Corporation 회장, blublocker.com

◆ “내가 아는 모든 사람에게 이 걸작에 대해 열변을 토할 것이다. 비즈니스를 하지 않더라도 삶의 모든 부분에 적용할 수 있다. 모든 면에서 영감을 주니 꼭 읽어보시라! 당신의 삶을 바꿀 것이라고 약속한다.”

- **샘 헤이어**, Magga Marketing 회장, maggamarketing.com

✦ "마크 조이너는 (거절할 수 없는 제안을 만들어서) 마케팅의 핵심을 파고들고 **영업 프로세스에 새로운 힘을 불어넣을 수 있는 입증된 비법**을 밝힌다. 적은 수입원을 엄청난 수입원으로 바꾸는 데 진지하게 열중하는 사람은 누구나 마크의 조언을 받아들이고 따라야 한다."

- **존 듀 케인**, Dragon Door Publications CEO, www.dragondoor.com

✦ "『거절할 수 없는 제안』에서 마크 조이너는 경쟁자들을 능가하는 강력한 제안을 만드는 방법에 대해 **단계별 설명**을 할 뿐만 아니라, 가장 핵심은 지금까지 본 적이 없는 놀라운 제안을 만드는 방법을 알려줘서 **경쟁자들을 완전히 물리친다**는 것이다. 예전의 나처럼 당신이 누군가에게 절대 아무것도 팔 수 없다고 생각하는 사람이라면, 이렇게 훌륭하면서도 현실적인 마케팅의 보고를 읽은 후 실패하는 유일한 방법은 당신이 절대 아무것도 하지 않는 것이다."

- **도나 나이트, 컨설턴트**, EbookQueen.com 설립자

✦ "이렇게 놀랍고 작은 책은 어떤 종류의 홍보 활동을 시작하기 전에 **광고기획사 경영진, 정치인, 마케터, 심지어 성직자들**

도 읽어야 한다. 정말 기막히게 신선한 관점이다!"

✦ "나는 지난 150년 동안 출판된 마케팅 서적을 모두 읽었다. 이 책은 50년 만에 일어난 획기적인 발전이다. 정말 훌륭하고 실용적이며 고무적인 책으로, 고전이 될 것이다. 걸작이다."

✦ "『거절할 수 없는 제안』은 당신의 비즈니스와 삶을 변화시킬 대단한 책이다. 마크 조이너의 위대한 공식은 내가 접해 본 것 중 **가장 간단하고 강력한 성공 방법이다.** 이 책의 제안을 따른다면, 당신한테서 계속해서 구매하길 바라는 행복한 고객들이 끊임없이 생길 것이다. 마크 조이너의 신간은 비즈니스를 어떻게 해야 하는지에 대한 교과서다."

✦ "마크 조이너는 진정한 천재이고 너무나 열정적이다. 마케팅 담당자들에게 수백만 달러를 안겨주는 비법들을 공짜로 알려주고 있다. 『거절할 수 없는 제안』은 상당히 구체적이면서도

의외로 매우 읽기 쉽다. 마크는 다른 마케팅 책에서는 찾아볼 수 없는 내용, 즉 고객의 마음을 사로잡아 부를 창출하고 제품을 절대 거절할 수 없게 만드는 방법을 간단한 말로 설명한다. 책을 내려놓을 수가 없다."

— **톰 우드**, Mastery Media CEO 겸 회장, masterytv.com

✦ "통찰력 있고 알기 쉽게 쓰인 『거절할 수 없는 제안』은 마케팅 초보자와 전문가 모두가 반드시 읽어야 할 책이다. 마크 조이너는 진정한 천재로 복잡한 주제를 간결하고 이해하기 쉬운 방식으로 핵심만을 집어준다. 온·오프라인 판매에 관심이 있는 모든 사람에게 이 책을 강력히 추천한다."

— **멜 스트로센**, Jayde Online Network CEO, exactseek.com

✦ "천재다. 조이너는 **빠져 있던 마케팅 퍼즐 조각**을 찾아준다. 오직 고수만이 아주 분명하게 정보를 전달하기에 집중해서 단어 하나하나 탐독할 수밖에 없다. 이 책은 전체 마케팅 프로세스에 대한 핵심을 전달하고 현재 당신이 알고 있는 이러한 기술을 이용해 막대한 부를 창출한 업계 거물들의 사례를 보여준다. 책을 내려놓을 수 없다. 강력한 한 방으로 우리를 매

료시켰고 **페이지를 넘길 때마다 탄성이 나온다.**"

- **스카이 & 제이슨 맹럼**, The World's First Manifestation Software 창업자,

usemanifestsoftware.com

✦ "마크 조이너의 책은 굉장히 정확하며 훌륭하다. 아주 작지만, 현실적인 현명함, **획기적인 통찰력**, 독특한 영업 및 마케팅 팁으로 가득하다. 이 책을 닳도록 읽어서 한 권 더 사고 싶을 것이다."

- **짐 플렉**, 『Millionaire Kids, Millionaire Parents』 저자

✦ "이 책은 처음부터 마지막까지 과학적으로 정통한 원칙과 마케팅 전략에 관해 이야기한다. 페이지마다 거의 모든 사람이 자신들의 제품과 서비스를 마케팅할 때 완전히 간과하고 있지만 반드시 필요하고 바로 적용할 수 있는 **현실적인 가이드라인과 전략으로 가득 차 있다.**

비즈니스 수익 성장에 새로운 방향과 관점을 제시한 이 책은 천재적이다. 마크 조이너는 재밌고 안정된 마케팅 심리학과 구매자 행동의 조합을 내놨다. 나는 챕터를 또 읽고 읽으면서 어떻게 그 생각들을 활용할지 메모했다.

전파력이 강한 이 책은 현대 마케팅을 훨씬 넘어선다. 영업사원, 운영진, 학교 교사, 학부모 등등 응용할 수 있는 사람들이 넘쳐난다.

마크 조이너는 우리 세대의 훌륭한 마케터 중 한 명이다. 미래 지향적인 연구 결과와 통찰력에 대한 매력적이고 흥미로운 프레젠테이션으로, 회사의 마케팅 전략을 완전히 새로 생각하게 된다. 우리 모두에게 필요하고 놓쳐서는 안 되는 것으로 자세한 설명으로 진정으로 눈뜨게 해주는 것이『거절할 수 없는 제안』이다."

- **조 소토**, NLP 트레이너, persuasiontraining.com

✦ "이 책은 마케팅 경전으로 받들어야 한다. 마케팅 고전서로 『거절할 수 없는 제안』이 내 책장에 꽂혀 있다."

- **러셀 브런슨**, 작가, www.ConquerYourNiche.com

◆ **심길후**, (사)한국영업인협회, 한국비즈니스협회 회장

"이제 막 사업을 시작했는데, 어떻게 해야 매출을 올릴 수 있을지 고민이에요."

"광고를 하고, 고객들을 만나려고 해도, 늘 거절을 당하고, 광고비만 낭비하는 것 같아요."

안녕하세요? 『돈과 시간의 자유 - 프리리치』의 저자 심길후입니다. 위의 말들은 제가 (사)한국영업인협회, 한국비즈니스협회를 운영하면서 만나고 가르쳐 온 많은 자영업자, 소상공인, 1인기업인들이 하시는 단골 푸념입니다. 처음 시작하는 마당에 제대로 준비가 되어있을 리가 만무하니, 어쩌면 그동안 안 해왔던 일들을 시작하면서 여러 종류의 낭비가 생겨날 수 있는 것은 당연할지도 모릅니다.

20년 가까이 창업가, 사업가들을 가르치면서 지켜보며 느낀 점이 하나 있는데, 처음에는 남들처럼 고생하며 힘들게 시작하고 좌충우돌했지만, 시간이 흐르면서 점점 나아지는 분들에게는 공통점이 있다는 것이었습니다.

14

바로 '초보의 시절을 어떻게 보내느냐?'입니다. 그 어리숙한 첫 사업가 시절을 어떻게 보내느냐에 따라서, 나중의 모습이 결정됩니다. 무작정 열심히만 하는 경우도 있고, 많은 새로운 도전들을 해 보면서 시행착오에 따른 노하우를 점점 축적해 나가는 경우도 있습니다.

구구단을 외우지 않은 채 더하기를 아무리 열심히 한들, 곱하기를 능숙하게 다루는 사람에 비해서 계산이 빠를 수 없는 것은 당연한 일입니다. 현재 우리가 열심히 하는 방식이 더하기였다면, 좀 더 성과를 크고 빠르게 낼 수 있도록 사업의 구구단을 배워야 합니다.

그리고 그 구구단이 바로, 지금 우리들의 손에 한 권의 책으로 쥐어져 있습니다. 내 사업에 필요한 것을 얻어내는 능력, 사업을 하는 분들에게는 필수적인 영업, 마케팅 능력을 극대화시켜줄 책입니다.

개통령 강형욱 소장, 아들연구소 최민준 소장, 한국세일즈성공학협회 안규호 대장, 부자의 말센스 김주하 대표, 강남빌딩 황준석 소장, 끌리는 트레이너 장성호 대표 등 사업 초창기부터 컨설팅을 해드리며 사업에 도움을 드렸던 많은 대표님들을 떠올려 보면, 결국 사업의 첫 시작은 대표의 영업력에서 출발하는 것이라는 생각을 하게 됩니다.

어떻게 좋은 조건으로 상품을 가져올지, 더 나은 방식으로 판로를 확장할지, 어떻게 글을 쓰고 손님의 마음을 흔들지, 어떻게 강하게 밀어붙이며 거래를 제안할지, 그리고 나아가서는 업무를 직원들에게 잘 위임할지 등 사업의 많은 부분에서 쓰이는 것이 바로 이러한 능력이니까요.

우리들은 사업을 하며, 고객에게 권유를 할 때, 거래처에 제안을 할 때, 온라인상에 글을 쓸 때, 영상을 찍을 때, 각종 SNS 활동을 통해 유저들의 반응을 얻어낼 때, 매 순간 제안을 합니다.

어차피 항상 하는 우리들의 제안! 좀 더 효율적일 수 있도록, 이 책을 집어 든 지금을 계기로 상대방이 우리들의 제안을 거절할 수 없도록, 반드시 받아들일 수 있도록 만들기 위한, 체계적인 노하우를 배우시길 바랍니다.

추천사를 빌려 우리 대표님들께 사업의 방향성을 설정하는 데에 도움이 될 만한 말씀을 좀 더 해드리자면, 사업이라고 하는 것은 결국 뭔가를 파는 것입니다.

단순하게 판다는 관점에서만 본다면, 나의 물건이나 서비스를 온라인, 오프라인, 대면, 유선상 등 다양한 방식으로 고객

혹은 거래처에게 제공을 하고 그에 대한 매출을 올리는 것이 사업의 첫 시작입니다. 이러한 판매 형태가 나 혼자에 의한 판매에서 벗어나서, 함께 서포팅을 해주는 직원들이 있고, 같이 영업을 하는 조직이 있고, 우리 상품을 취급하는 외부의 유통망, 대리점, 체인점 등이 있고, 온라인/오프라인을 합쳐서 다양하게 발전하게 되는 과정이 사업의 성장 과정입니다.

예를 들어, 자동차를 보자면 차를 파는 여러 영업사원들이 꾸준히 잘 팔 수 있게끔 본사 자체의 경쟁력을 강화하고, 소비자들에게 좋은 브랜드로 자리매김하기 위한 여러 활동들을 하면서, 영업 조직이 꾸준히 성장해 갈 수 있게끔 해야 합니다.

통신사나 스마트폰을 보자면, 각 지역별로 뻗어져 있는 직영점, 대리점, 2차점, 온라인 판매 등 다양한 채널을 통해서 스마트폰을 팔며, 이익을 취하는 사람들로 조직을 구축하며, 꾸준한 시장 점유를 하고 있습니다.

식품을 보자면, 각 지역의 마트, 편의점, 각종 가게, 온라인 등 다양한 형태의 점포에 납품하기 위해 각 지역 담당들이 영업을 하고, 관리를 하며, 꾸준한 매출을 올리는 시스템을 만듭니다.

보험사 또한 특정 상황에서 돈을 지급해주는 조건을 상품으로 만들어서, 계약을 체결하고, 고객으로부터 돈을 받을 수 있게끔 마련된 아이템을 각종 TM, 홈쇼핑, 대면, 특판, 하이브리드 등 다양한 형태로 영업하는 조직을 확장해 나가며 기업을 키워 갑니다.

은행도 돈을 빌려주는 시스템을 바탕으로 대부계 직원, 그리고 외부의 대부중개업자들과 함께 전국의 대출 수요를 소화시키면서 사업을 운영합니다.

형태와 아이템이 다르고, 조직이 지향하는 성장의 방향과 우리 회사여야 하는 이유가 약간씩 다르기는 하나, 사업을 판다는 관점에서만 본다면, 결국 사업의 성장이라는 것은 다양한 방식의 영업조직 확장으로 정의 내릴 수 있습니다.

이 개념으로 사업의 성장을 추진할 때 가장 먼저 필요한 것이, 영업의 난이도 하락과 이익률의 상승입니다. 이 두 가지는 우리들의 차별성을 드러내는 명확한 메시지, 우리여야 하는 이유를 포함한 거절할 수 없는 제안을 통해서 만들어집니다.

억지로 팔아내는 것이 아니라, 시스템적으로 당연히 우리를 택할 확률, 좀 더 높은 가격을 인정받은 명분, 그에 걸맞은 서비스, 탈경쟁 등 다양한 이유로 인해, 고객들이 먼저 찾아올 수 있는 흐름, 큰 힘을 들이지 않아도 스스로 구매를 하는 환경이 만들어지게 됩니다.

그리고 이를 통하여 유능한 영업조직, 마케팅조직, 거래처 등 내가 중심이 되어서, 좋은 조건으로 사업이 추진될 수 있는 기본 흐름이 만들어지게 됩니다.

사업을 하고 계시는 우리 대표님들께서 현재 하고 계시는 업무에만 열심히 집중하기보다, 더 큰 규모의 조직을 구축하기 위한 준비, 다양한 판로를 만들기 위한 준비, 이 모든 것이 내 통제하에 두기 위한 준비를 하시기를 바랍니다.

그 과정 속에서 바로 이 책의 핵심 주제인 거절할 수 없는 제안을 만들어가시면서, 사업 성장에 큰 도움이 되시길 바랍니다.

탈직장, 1인기업들의 시대가 펼쳐지며, 다양한 아이템으로 나만의 사업을 시작하는 분들이 많습니다. 그리고 사업을 시작하는 분들의 숫자만큼이나, 사업을 멈추는 분들의 숫자도 참 많습니다.

어쩌면 당연한 일일지도 모릅니다만, 사업을 안정시키고 확장시키는 데 필요한 것들을 미리 준비하지 않은 탓일 뿐입니다. 남들이 힘들다고 우리가 꼭 힘들라는 법은 없습니다.

앞으로 꾸준히 체계적으로 우리 사업을 키우는 데 필요한 공식들을 습득해 나가시면서, 더하기만 보지 말고 곱하기로 넘어가시기 바랍니다! 이 책을 집어 든 우리들은 이미, 구구단의 첫걸음을 떼고 있으니까요.

더욱더 공부하고 익혀서 나만의 무기로 갈고닦아 많은 사업적 발전을 이끌어 내기를 바랍니다. 우리들은 할 수 있습니다! 돈과 시간의 자유, 프리리치를 위하여! 파이팅!

누군가는 마케팅이 세계를 망치고 있다는 사례를 설득력 있게 제시할 것이다. 시간이 지나면서 마케터들은 사람들의 기본 욕구에 호소하고 심리적 약점을 이용하는 게 가장 손쉬운 판매 방법이라는 것을 알게 됐다. 예를 들어, 잠재 고객이 논리적인 구매 결정을 내리고 그들에게 도움이 되는 것을 구매하도록 돕기보다는 자신들의 제품을 사야 그들이 행복하고 매력적인 이성에게 쉽게 접근할 수 있다고 생각하게 만든다. 이는 일반 소비자가 비논리적인 구매 결정을 내리도록 마케터가 이용하는 많은 요령 중 하나일 뿐이다.

보통 미국인은 필요 없는데도 (때로는 너무나 해로운) 쓸데없는 물건을 사면서 빚을 진다. 이 과정에서 일반 소비자들은 빚이 생겼을 뿐만 아니라 가치도 떨어졌다. 이기심, 얄팍함, 탐욕이 궁극적인 이상이라는 세상에 관한 메시지들이 연일 쏟아지면, 세상 역시 자신 편이 아니라고 생각하기 쉬워진다.

이 책은 과거의 마케팅에 대한 대안을 제시한다. 난 하나의 비즈니스로 엄청난 수익을 낼 수 있고 여전히 정직하게 운영할 수 있다고 생각한다. 대중들이 마케팅 업계가 가하는 정신적 고통에서 벗어나도록 그리고 기업이 스스로 몰락하지 않도록 도우려고 이 책을 썼다.

부채비율이 높아지고 소비자들은 과거와는 달리 인터넷에서 스스로 정보를 찾고 터득하면서 과거의 마케팅 방법에 대한 인내심이 점점 떨어지고 있다. 화가 나 있고 교육을 받은 소비자는 마케터가 마주하기에는 위험한 적이다. 머지않아 기업들은 대안을 찾으려고 고군분투할 것이다.

이 책은 그저 하나의 대안이 아니라 바로 그 대안을 제시한다. 이 마케팅 방법은 여러 번 입증됐지만, 명명된 적이 없다. 이 방법을 이용하면, 마케팅을 접한 잠재 고객과 3초 이내에 생각하고 있던 거래를 말 그대로 성사시킬 수 있다.

난 이 방법을 '거절할 수 없는 제안'이라고 명명했고, 당신의 비즈니스에서 극적인 효과를 내도록 바로 적용할 수 있게 이를 파헤치고 분석했다. 이 책은 21세기에 새롭게 떠오르는 비즈니스 전쟁터에서 필수 생존 가이드이다. 당신을 위태롭게 하는 교훈은 무시해라.

개인과 영업사원도 이 책에서 많은 점을 배울 수 있다. 부록 '3초 안에 자기 홍보하기'에서는 말 그대로 인생의 모든 영역에 적용할 수 있는 방법을 설명한다. 그런 다음 영업사원에게는 올바른 윤리 규범 내에서 이 정보를 이용한 영업 방법과 현재보다 훨씬 더 높은 수준으로 매출을 끌어올리는 방법을 제시한다.

작가가 저작물 표지에 자신의 이름만 적으면, 그건 정말 이기적이고 배은망덕한 행동이다. 많은 사람의 도움이 없었다면 이 책은 정말 불가능했을 것이다. 우선 비즈니스와 마케팅을 주제로 한 수많은 책이 나에게 영감을 주고 이 방법을 찾는 단서를 제공했다.

이 책의 상당 부분은 과거 마케팅 방법에 대해 적대적인 태도를 보이지만, 존경과 애정, 감탄이 가득 담겨 있다. 나도 역시 이 책이 갑작스럽게 끝내려고 하는 TIO(The Irresistible Offer, 거절할 수 없는 제안) 이전 시대에 속한 사람이다. 그 적대감이 어제의 나를 바로 겨냥할 수 있다. 나는 이 분야의 동료들이 마케팅이 실제로 도를 넘었고 이 책이 새로운 질서에 대한 단합된 외침이 될 수 있다는 것에 뜻을 같이하길 바란다.

그렇다고 해서 나에게 영감을 준 작가, 기업가, 마케팅 전문가들을 모두 여기에 나열할 수는 없다. 소위 '친구'라고 할 수 있는 사람들로 추리고, 이 책을 쓰는 동안 가장 가깝게 지냈거나 가장 큰 영향을 끼친 사람들로 더 추린 것을 양해해 주길 바란다. 그래서 비즈니스 업계와 현실 세계 친구들에게 감사하고 싶다.

먼저 자신들의 지혜를 전수해준 전통 다이렉트 마케터들에게 감사드린다. 늘 정직하고 지식과 정신으로 영감을 준 테드 니콜라스. 최근에 알게 됐지만, 그 짧은 시간에 날 매료시킨 게리 베시벤가. 세상에서 가장 현명하고 (그리고 가장 면도를 깔끔하게 하는) 사우스 비치 카페에서 함께 식사도 많이 하고 비밀을 공유했던 게리 핼버트.

다음으로 어슬렁거리는 위험한 온라인 마케터들이다. 직접 얼굴을 마주한 적 없지만 가장 멋진 사람일 거 같은 마이크 머즈. 이 정신 없는 세상을 뭉치는 데 마지막 제정신인 폴 마이어스, 진실을 위한 지칠 줄 모르는 투쟁에 감사하고 싶다. 은둔생활 중이지만 조용히 세계 정복을 꿈꾸고 아마도 성공할 체이든 베이츠. 톰 앤티온, 톰 우드, 마이크 필제임, 러셀 브런슨, 조쉬 앤더슨, 숀 케이시, 브렛 래더매서, 킴벌리 고든, 크레이스 페린, 롭 파이터, 미셸 포틴, 짐 플렉, 안케쉬 코트하리, 닉 템플, 프랭크 뮬렌 그리고 영면에 든 코리 로들.

다음으로 여러 분야의 다양한 친구들이다. 미국 음악원 총장인 오토 본 슐츠, 당신의 우정과 미래 선구안에 대해 감사드린다. 한없이 친절을 베풀고 훌륭한 본보기가 되어준 메리 마줄로. 웨이메이커Waymaker의 훌륭한 사람들, 당신들의 고귀한 생각이 이뤄지길 바란다. 뉴질랜드 작가 협회, 언젠가 모두가 베스트셀러 1위 작가가 되길 바란다. 춤 선생님 클라우디아, 당신은 날 더 멋진 사람으로 만들어줬다. 오래 일한 모든 이솝 Aeso 직원, 특히 끝까지 함께했던 버지니아, 톰, 케빈, 타나즈, 토니, 루인.

나의 실제 친구들과 가족들(위에 언급된 많은 사람이 이 명단에 있어야 하지만 난 조직체에 약하다), 짐과 새라 자매, 브랜드, 브룩, 모건, 보웬, 아빠와 하늘나라에 계신 엄마, 샘과 벨린다, 캐롤린과 버논, 리사, 존, 에리카와 카일, 존, 베스, 브래드, 니콜, 해리, 가르시엘라와 크리스티안, 케렌사와 필, 마크, 크리스틴, 안나, 린제이, 짐과 엘리자베스, 디모 부부, 선과 존, 수현과 그리고 많은 사람에게 감사를 전한다.

이 책이 매우 실용적인 수준이 될 수 있도록 도와준 사람들, 와일리 직원인 맷, 타마라, 새논, 미셸과 다른 사람들. 당신들의 놀라운 끈기와 지지와 격려에 감사하다. 당신들은 진정한 프로다. 멋진 책 표지를 선사해준 빌 플림튼도 감사하다.

가장 암울했던 시기에 날 고무시켜준 LA 새크라멘토 가톨릭 교회 사제들에게 특별한 감사를 드린다.

나의 회계 담당 릴리. 당신과 당신 가족은 엄청난 성공을 맛봤을 때도 이겨낼 수 없을 거 같았던 힘든 시기에도 항상 내 곁에 있어 줬다. 당신은 헤아릴 수 없는 방법으로 날 격려하고 응원해줬고, 난 항상 그 점에 고마워할 것이다.

나의 개인 비서 안나. 당신은 나의 정신없는 생활을 정리해주고 이루 말로 표현할 수 없는 방법으로 날 도와줬다. 당신의 무한한 신뢰, 응원과 미소에 감사하다. 항상 당신과 마크를 내 가족으로 생각하고 있다.

마지막으로 내 약혼녀 S. 당신은 여전히 나의 천사다.

CONTENTS

시작하는 글

단 3초

째깍.

째깍.

째깍.

하루는 86,400초다.

당신이 잠재 고객의 마음을 사로잡는 데 정확히 3초면 된다.

오늘날 사람들은 참을성이 없고, 이는 당연한 것이다. 사람들은 하루에 수천 통의 마케팅 메시지를 받는다. 만약 모든 메시지에 응답한다면, 생활은 완전히 마비될 것이다.

오늘날 소비자들은 생존의 문제로서 빠른 평가를 해야 한다. 이걸 염두에 둔다면, 소비자들이 우리에게 할애하는 3초는 사실 꽤 관대하다. 그 3초 안에 판매가 이루어지고 거래가 성사되고 거대 기업을 이룬다.

3초 안에 뭘 해야 할까?

답하기 전에 잠시 생각해보자. 비즈니스 업계에서 당신이 99.6%에 속한다면, 무엇을 해야 할지 전혀 모르고 있다.

걱정하지 마라. 이 책이 알려줄 것이다.

CHAPTER 1

마법의
창문

마법의 창문이 있다면 어떨까?

그 창문을 볼 때마다 거짓된 것은 모두 사라지고 아름다운 것과 진실만이 남는다.

만약 그런 창문으로 비즈니스 세계를 들여다볼 수 있다면, 빌 게이츠나 도널드 트럼프 같은 부호와 어깨를 나란히 하는 데 얼마나 걸릴까?

모든 잘못된 이론과 생각은 사라질 것이다.

어떤 잘못된 행동도 하지 않을 것이다.

수익성이 높고 옳고 좋은 일만 생각하고 행동할 것이다.

실패할 리가 없다.

당신이 곧 알게 될 간단한 개념을 이해하면 비즈니스 세계에서 그런 마법의 창문이 생길 것이다. 그 개념이 바로 '거절할 수 없는 제안'이다.

일단 이해하면, 당신은 절대 그리고 전혀 멈추지 못할 것이다.

계속 읽어 보자.

CHAPTER 2

비즈니스
핵심 원칙

이 챕터의 초점은 바로 '비즈니스 핵심 원칙'이다. 더 나아가 어떤 일을 하든 당신 인생의 핵심 원칙이라고 할 수 있겠지만, 현재로선 비즈니스가 적절한 비유다.

잠재 고객의 마음을 사로잡아 바로 제품, 서비스 및 아이디어를 구매하도록 하는 매우 효율적인 형태의 마케팅을 알려주고자 한다. 이 개념은 수렁에 빠진 비즈니스 동향과 이론들을 꿰뚫어 볼 수 있는 확실한 출발점이다.

그럼 이제 알아보자. 비즈니스 핵심 원칙은 뭘까?

정말 간단하다. 한번 생각해봐라.

이 세상에서 비즈니스를 하려면 당신에게 필요한 한 가지는 무엇일까?

절대적으로, 분명히 없어서는 안 되는 한 가지는?

명함, 아니다.

사무실, 아니다.

휴대폰, 아니다.

제품도 아니다.

모든 비즈니스의 핵심은 인류가 상대방과 가장 기초적인 거래를 처음 시작했을 때로 거슬러 올라가며, 이때 원시인들은 새 방망이와 매머드 가죽을 맞교환했다.

태초부터 모든 비즈니스는 하나로 요약될 수 있다.

뭔가를 내놓는 것.

바로 그것이다.

제안.

주거니 받거니 하는 것이고(quid pro quo, 무엇을 위한 무엇을 뜻하는 라틴어, 동등한 교환 또는 보상), 이것과 저것을 바꾸는 것이고, 오는 정이 있어야 가는 정이 있는 것이다.

아이스크림 트럭 아저씨는 뭘 주는가? 돈을 주면 아이스크림을 준다.

은행원은 뭘 내놓는가? 대출을 해주고, 우리는 이자는 낸다.

정부는? 세금을 내면, 외부세력으로부터 국민을 보호한다.

병원, 잡화점 점원, 매춘부는 모두 무엇을 하나?

제안을 한다.

비즈니스는 제안이 없으면 시작도 하지 않는 것이다. 비즈니스의 핵심 원칙은 단순하다. 제안을 하는 것이다. 사람들은 "스테이크 자체를 팔지 말고, 고기 굽는 소리를 팔아라."라고 할 것이다. (Don't sell the steak, sell the sizzle - 앨머 휠러 Elmer Wheeler 의 Tested Sentences That Sell에서 나온 표현) 뭐, 사실 스테이크 없이 굽는 소리를 판다는 것에 해당하는 말이 있다. 그걸 사기라고 한다.

만약 당신이 구매자의 핵심 이슈를 해결하지 않는다면, 판매 수완을 모두 동원해도, 후회하고 불만을 느끼는 구매자의 마음을 풀어줄 수 없다. 하지만 이러한 핵심 이슈를 해결하면 단순히 판매만 하는 게 아니라 평생 고객을 확보할 수 있다.

이런 핵심 이슈는 내가 4가지 핵심 질문이라고 부르는 형태를 취한다.

CHAPTER 3

4가지
핵심 질문

판매 과정에서 무언의 내적 대화Unspoken Inner Dialogue를 한다.

우리가 아무리 주변 사람들에게 자신감을 보여도, 속으로는 두렵고, 회의적 생각을 하고 불안해한다. 심지어 아주 요란하고 자만심에 찬 사람도 속으로는 이런 무언의 내적 대화를 한다. 두려움과 불안감이 조용히 속삭인다.

사람들이 날 싫어할까?

그런 말을 하다니. 멍청하게 들렸겠지?

그 사람이 날 사랑할까?

이 바지 입으면 뚱뚱해보일까?

누군가가 어떤 형태로든 구매 결정을 내릴 때마다 하는 이런 대화는 매우 구체적인 형태를 띤다. 무언의 내적 대화를 경시하지 마라. 구매자의 만족도를 고려하지 않으면 판매가 훨씬 더 어려워진다.

그리고 두려움 때문에 스테이크 대신 굽는 소리로 묘책을 부리면, 구매자는 아주 불만족스러워하며 나중에 당신을 괴롭힐 것이고, 아예 안 파느니만 못한 상황이 된다.

따라서 무언의 내적 대화를 이해하면서, 당신의 제안은 4가지 핵심 질문에 들어맞아야 한다. 4가지 핵심 질문은 당신이 영업하려는 잠재 고객의 무언의 내적 대화다.

우선 두 가지 문제는 다음과 같다.

질문 1. 나한테 뭘 팔려는 걸까?
질문 2. 가격은?

이 질문들을 나란히 살펴보자. 두 가지를 함께 묶어서 구매자는 "당신의 제안은 뭐죠?"라고 묻는다. 당신이 쓸 만한 품질의 상품을 합리적인 가격에 제안하고 있다는 무언의 내적 대화를 의사소통으로 확인시켜 줘야 한다.

5달러를 내면, 물 한 잔 드려요.
5,000달러 내면, 맹장을 제거해 드려요.
100달러 내면…

만약 영업 프로세스의 핵심에서 당신의 제안이 좋거나 타당하지 않다면 바보들만 구매할 것이다. 그리고 누군가를 속여 제품을 구매하게 했다면, 그 고객은 오래 가지 못한다. 그렇게 흔들리는 기반에서 하는 비즈니스는 오래 버티지 못한다. 누군가를 속여 돈을 내게 할 수는 있지만, 그 한 번뿐이다.

멋진 제안을 할 줄 아는 고수는 고객을 일단 한 번 놀라게 하고, 구매자와 판매자가 모두 거래를 성공할 때까지 계속해서 고객을 놀라게 할 것이다. 그렇게 수백만 수십억 달러가 생긴다.

일단 제안을 하면, 잠재 고객이 늘 염두에 두어야 하는 두 가지 질문이 있다.

질문 3. 왜 내가 당신을 믿어야 하지?

이 질문은 구매자 불안의 핵심이다. 가끔 어떤 제안이 표면적으로 기막히게 좋지만, 문제가 있다. 너무나 좋아서 믿기지 않는 것이다. 사람들은 돈을 쓰기 전에 판매자가 엉터리 물건을 파는 사기꾼이 아니라고 믿고 싶어 한다. 신뢰감이 있어야 그 제안은 효과가 있다. 다시 말하지만, 바보만이 헛돈을 쓸 것이고, 당신은 바보를 고객으로 대하고 싶지 않을 것이다.

질문 4. 나에게 무슨 이득이 있나?

잠깐, 우리는 조금 전에 "나한테 뭘 팔려는 걸까?"라는 질문에 답했다. 이 질문과 같은 게 아닌가?

꼭 그렇지는 않다. "나에게 무슨 이득이 있나?"라는 질문을 통해 사람들은 자신에게 어떤 이득이 있는지 알아내려고 한다. 제품을 구매하지만, 사람들이 원하는 것은 '이득'이다. 벤틀리Bentley를 구매하지만 정말 이득은 그것을 소유하면서 따라오는 위상이다. 건강식품을 구입하지만 실제 이득은 더 나은 삶의 질과 그 이상이다.

대부분의 마케터들은 이 질문이 핵심이라고 생각한다. 중요성은 분명하다. 아무런 이득이 없다면 왜 고객이 당신 말을 듣는 데 시간을 낭비해야 하냐?

마케터들이 이 질문을 너무 자주 고민하기에, 'WIIFMWhat's in it for me'으로 줄여서 말한다. 하지만 이 질문에만 집중하는 건 어리석은 짓이다. 만약 WIIFM에만 집중한다면, 당신의 마케팅은 엇나갈 것이다.

"스테이크를 팔지 말고 굽는 소리를 팔라."고 잘못 말하는 마케터들도 '당신의 특징이 아니라 장점을 팔라'고 할 것이다. 사실 이런 접근 방식은 단기적 효과가 있겠지만 장기적 효과는 없다.

왜 그럴까?

오랫동안 전해지는 마케팅 격언이 있다. "사람들은 감정에 따라 결정 내리고 논리로 그 결정을 정당화한다." 상당히 일리 있는 말이다.

그 격언을 4가지 질문에 적용해보자. 앞의 세 가지 질문은 구매자의 논리를 다루고, 마지막 질문은 감정에 관한 것이다. 감정적 결정만을 다룬다면, 어리석은 고객들만 생길 뿐이다.

하지만 당신이 제안하는 순간이 되면, 그렇게 하지 않을 것이다.

그냥 어떤 한 가지 제안을 하는 게 아니라, 거절할 수 없는 제안을 할 것이다.

거절할 수 없는 제안은 무엇인가?

어떻게 하는 것인가?

말 그대로 간단하고 효과적인가?

맞다, 정말 그렇다.

그뿐만 아니라 이득은 지금 당신이 생각하는 것보다 훨씬 광범위하다. 이런 기술은 마케팅과 광고 이외에도 훨씬 더 많은 분야에서 응용할 수 있다. 앞으로 알게 되겠지만, 이 방법을 인생의 거의 모든 면에 적용해 큰 효과를 낼 수 있다.

자신을 홍보할 3초가 생긴다면 뭐라고 말하겠는가?

말이 잘 나오지 않는다면 어떤 끔찍한 상황이 일어날까? 한 명 이상에게 그런 끔찍한 상황이 실제로 일어난다.

유명한 일화가 하나 있다. 1980년 테드 케네디는 지미 카터 대통령을 상대로 민주당 대통령 후보 경선에 출마했다. 케네디 상원의원은 자신의 출마에 대해 논하려고 CBS와 한 시간짜리 인터뷰를 했다.

진행자는 케네디 상원의원에게 간단한 질문으로 인터뷰를 시작했다. "왜 대통령이 되려고 합니까?" 이 질문은 "자신을 대통령으로 만들어 준다면, 국민들을 안전하게 지키고 잘 살게 할 것입니다."라고 제안할 수 있는 테드 케네디의 기회였다. 그러나 그는 대답하지 못했다. 말이 생각나지 않았고 말문이 막혔다. 그 제안을 하지 못했다. 나머지 이야기는 알 것이다. 테드 케네디는 대통령은커녕 민주당 대선 후보도 되지 못했다.

CHAPTER 4

거절할 수 없는 제안이란 무엇인가?

정의부터 먼저 내리자. **거절할 수 없는 제안이란 제품이나 서비스 또는 기업 중심으로 아이덴티티를 구축하는 제안**으로 고객에게 믿을 만한 높은 투자 수익을 아주 명확하고 효과적으로 전달하는 것이다.

이 말의 의미가 아직은 충분히 와닿지 않을 것이다. 걱정하지 마라. 곧 알게 될 것이다.

거절할 수 없는 제안은 모든 잡음과 어수선함을 없애고, 구매자가 긁고 싶은 가려운 곳을 긁어준다. 당신과 비즈니스를 하는 것이 매우 편하고 유익하다는 것을 알게 된다. 사람들은 당신을 기억한다.

거절할 수 없는 제안은 고객의 상상력을 자극하고 다급하게 지금 당장 사야 한다는 구매 열풍을 불러일으킨다.

잠깐 생각해보면 그런 제안과 같은 몇 가지 사례가 떠오를 것이다. 곧 훌륭한 사례를 알려주겠다.

제품, 서비스 또는 회사가 없는가? 거절할 수 없는 제안은 당신과 상관없다고 생각하는가? 다시 생각해봐라.

사실, 거의 모든 사람은 영업 프로세스 어딘가에 속해있다. 게다가 우리는 (고객, 상사, 자녀, 배우자 또는 연인이 될 사람에게) 자신을 알려야 한다.

이 책에서 비즈니스를 비유 대상으로 고른 이유는 두 가지다. 첫째, 이 기술을 가장 흔하게 적용하기 때문이다. 둘째, 모든 사람이 비즈니스의 기준을 이해할 수 있기 때문이다. 우리는 매일 수많은 광고를 접해서 사실상 모두 광고 전문가다.

만약 이 책을 읽는 목적이 자신을 홍보하는 방법을 배우는 것이라면, 부록에 다다르면 모두 이해될 것이다. 하지만 지금 배우는 토대는 필수적인 첫 단계다.

자, 계속 읽어 보자.

"거절할 수 없는 제안이 그렇게 강력하고 역동적이라면, 다른 모든 마케팅 서적에서 그 부분에 대해 읽으면 안 되는가?"라는 궁금증이 생길 것이다. 좋은 질문이다.

내가 읽은 모든 마케팅 책은 이 주제에 대해 명확히 집어주지 않는다. 빙빙 돌려서 말하지만 명명한 적은 없다. 이 분야의 내 동료들에게 트집을 잡으려는 것이 아니다. 비즈니스와 관련해 멋진 조언과 상당히 효과적인 이론들이 있다. 이 책의 모든 내용은 그런 훌륭한 책들이 바탕이다. 하지만 과거의 마케팅 접근 방식에는 문제가 있다.

만약 당신이 비즈니스 접근 방법의 핵심으로 "거절할 수 없는 제안"을 시작하지 않는다면, 세상 모든 굉장한 이론과 마케팅 묘책들은 곧 무너질 듯한 나무 판잣집에 광택 페인트를 칠하는 것에 지나지 않는다. 세상에서 가장 훌륭한 페인트 작업이 될 수 있겠지만, 그런 판잣집을 위한 부동산 시장은 많지 않다.

반대로 거절할 수 없는 제안을 이용하면 성을 지을 수 있다. 사업상의 실수를 많이 할 수 있다. 계속 비유하자면, 정말 형편없는 색으로 성을 칠하거나 도개교 앞 땅에 싸구려 분홍색 플라밍고를 세울 수 있다. 하지만 여전히 성은 그대로 있고, 토대는 견고하다.

또 다른 시각이 있다.

제대로 된 거절할 수 없는 제안은 강요를 하는 마케팅과 정반대다. 어떤 면에서 이 책은 음이고 저자의 최근 서적(MindControlMarketing.com, Los Angeles: Steel Icarus, 2002)은 양에 해당한다. 그 책은 마케터가 고객의 마음을 흐리게 해서 구매를 유도하는 다양한 방법에 관한 것이었다.

이 책은 그런 방법에 대한 것이 아니다.

거절할 수 없는 제안을 이용하면 마인드 컨트롤 마케팅Mind Control Marketing, MCM이 필요 없다. 그렇다고 해서 제안의 효과를 높이는 데 약간의 기교나 MCM을 쓰지 못한다는 건 아니다.

요점은 당신은 아무것도 필요 없다는 것이다. 거절할 수 없는 제안의 심리적 힘은 그 자체로도 충분히 강하다.

거절할 수 없는 제안이 어떻게 업계 혁명을 일으켰나

거절할 수 없는 제안이 업계 전반에 혁명을 일으킨 방법에 대해 이야기해 보자. 만약 당신이 미국에 산다면, 이 책을 내려놓고 전화번호부를 들고 와라.

들고 왔는가? 좋다. 그럼 이제 업종별 안내에서 '피자'를 찾아보자.

놀랄 것도 없다. 웬만큼 사람들이 사는 지역에 있다면 최소 몇 개의 피자 가게가 나열되어 있을 것이다. 이제 전화번호부의 나머지 부분을 훑어보고, 업종별 안내에서 다른 종류 음식 이름을 찾을 수 있는가.

잠깐만, 며칠 동안 찾는 시간을 아껴라. 없으니까.

만약 당신이 중식, 버거, 바비큐, 해산물과 같은 다른 종류 음식점을 가지고 있다면, 레스토랑 쪽에 이름을 올릴 것이다. 레스토랑 업종에 속해있다. 만약 피자 가게 주인이라면, 레스토랑이 아니라 피자 업종에 속한다.

미국 문화에서 한 종류의 음식만이 지배적인 역할을 해서 전화번호부에 그 음식만의 카테고리가 있다.

피자다.

그렇다면, 1인 1기업이 불쑥 등장해서 전국적으로 퍼지고 누구나 아는 업종을 완전히 지배하는 것이 가능할까?

그리고 만약 그 기업이 자리를 확실히 잡은 몇몇 전국 브랜드와 경쟁하고 있다면 어떻게 될까? 대부분의 사람들은 불가능하다고 말하겠지만, 아마도 그들은 톰 모나한Tom Monaghan이 어떻게 거절할 수 없는 제안을 이용했는지 모를 것이다.

현재는 전설이 된 마케팅 캠페인을 시작하기 전 몇 년 동안 상대적으로 덜 알려진 피자 체인점의 이야기를 하려고 한다. 톰 모나한은 1960년 미시간주 입실란티에서 '도미닉Dominick's'이라는 단일 매장을 매입해 사업을 시작했다. 톰이 사업을 확장하고자 할 때, 도미닉의 전 주인은 그 이름을 계속 쓰는 걸 허락하지 않았고, 그래서 그는 새로운 이름을 생각해 내야 했다. 직원 한 명이 어느 날 밤 '도미노Dominick's'를 제안했고, 그는 받아들였다.

모나한이 첫 매장을 매입했을 때, 그는 도미닉한테서 직접 15분간 마케팅 강의를 듣고 시작했고 순조롭게 운영했다. 2004년에 도미노는 매장이 7천 개로 늘어났고, 연 매출은 $4,000,000,000을 올렸다.

어떻게 그는 단일 매장에서 40억 달러 규모의 기업체로 키웠는가?

"30분 배달 보증제가 가장 큰 성장 요인이다."

- 톰 모나한

그의 성공은 하루아침에 이루어진 것이 아니다. 모나한은 그 과정에서 (파산할 뻔하고 프랜차이즈 점주들에게 큰 소송을 당한 것을 포함해) 몇몇 우여곡절을 겪었지만, 그가 거절할 수 없는 제안의 대표적인 사례(이자 역사상 가장 훌륭한 광고 캠페인 중 하나)를 시작한 후로 도미노는 대박을 터트리기 시작했다.

톰 모나한은 사람들이 피자 배달의 편리함을 원한다는 걸 알았다. 또 사람들은 따끈따끈한 피자를 좋아했다. 그래서 그는 '30분 이내 배달'이라는 보증을 내걸었다.

이 보증은 피자 업계를 휩쓸었다고 해도 과언이 아니다. 1993년 소송의 결과에 따라 '30분 이내 배달' 캠페인을 중단할 수밖에 없었을 때, 도미노는 미국 전역에서 가장 큰 피자 배달 회사였다.

그리고 '30분 이내 배달' 보장은 어휘집 일부가 되었다.

우리는 그 점에 경탄했다. ("…설마, 그런데 진지하게, 어떻게 이렇게 빨리 오지? 밴에서 구울 거야!") 우리는 (30분 내로 안 오면 공짜'라면서) 농담을 했었다. 하지만 가장 중요한 건, 계속 주문했다는 것이다.

별로였던 도미노 피자의 거절할 수 없는 제안이 얼마나 놀라운 힘을 발휘했는지 이제 살펴보자.

나만 그렇게 생각하는 게 아니다. 전국을 강타했던 도미노는 처음에는 정말 형편없는 피자를 내놨다. 식감이 종이상자랑 별반 차이가 없었다. 그리고 우리는 진담 반 농담 반1으로 말했다.

맞다. 그 당시 도미노 피자는 형편없었지만 상관없었다. 거절할 수 없는 제안의 힘을 받았다. 배는 고프지만 나가기 귀찮

---

1 여기서 한 가지 해명하자면, 지금은 도미노를 사랑한다. 이 책을 쓰는 현재 난 도미노 매장이 적은 뉴질랜드 오클랜드에 살고 있다. 몇 달 전에 웰링턴으로 여행을 갔는데, 도미노를 발견하고 기뻤다. 물론, 약혼자는 내가 호텔 객실에서 피자와 콜라를 주문하려고 고급 식당 예약을 취소한 것을 좋아하지 않았다.

을 때, 사람들은 종이를 씹어 먹는 거 같은 피자라도 빨리 온다면 무엇이든 먹을 것이다.

그리고 도미노 배달원 한 명이 행인을 치면서 제기된 수백만 달러 규모의 소송 때문에 마침내 30분 배달 보증제를 끝냈을 때 세계 언론 헤드라인을 장식한 점은 거절할 수 없는 제안이 어떻게 수백만 명의 관심을 끌 수 있는지에 대해 많은 걸 말해준다.[2]

도미노 분석해보기

이 제안이 효과 있었던 이유를 분석해 보자.

배는 고프고 시간은 없고 따뜻한 밥은 먹고 싶으면 어디에 전화할 것인가? 당연히 30분 만에 오는 피자다. 더 맛있는 식사 배달이 안 될 때, 지금 당장 배고플 때 누구한테 의지할 것

---

[2] 걱정 마라. 거절할 수 없는 제안에서 득을 봤다고 수백만 달러 규모의 소송에 휘말리지 않는다. 피자 배달원이 행인을 치는 사고가 여러 번 있었고 오직 도미노의 명성 때문에 그 특정 소송이 유명해진 것이다. 오히려 (다른 사람들보다는 위험하지 않은) 배달원의 위험성보다 그들의 마케팅이 얼마나 효과적이었는지 보여주는 증거다.

인가?

하지만 시간이 유일한 셀링 포인트selling point가 아니었다. 30분 내로 배달 못 하면 공짜가 포인트다. 이 슬로건이 제안을 거부할 수 없게 만드는 '시금석Touchstone'이다.

그건 하나의 도전과 같았다. 사람들은 배달원이 늦는지 시간을 재려고 했다. 약간 복권 같았다. 당신은 공짜 피자를 먹으려고 그들이 늦길 거의 바랐을 것이다. 따라서 거절할 수 없는 제안은 단순한 마케팅에 그치지 않았다. 문화적 아이콘이 됐고 수십억 달러를 벌어들였다.

알아야 할 게 더 있다. (자세한 내용은 곧 설명하겠지만) 한 가지 중요한 건 도미노가 계속해서 종이상자 같은 맛이었다면 계속 성공하지 못했을 거라는 점이다.

마케팅의 출발점, 거절할 수 없는 제안

이제 알아야 할 중요한 점은 **거절할 수 없는 제안은 매우 효과적이므로 비즈니스의 중심이 되어야 한다는 것이다.** 다른 **마케팅 활동을 펼치기 전 거절할 수 없는 제안이 출발점이 되**

어야 한다.

다음 챕터에서 거절할 수 없는 제안을 만드는 방법을 알려줄 것이다. 이 책을 다 읽을 때쯤이면 고객이 당신과 거래를 하고 싶어 할 정도로 당신의 제품이나 서비스에 대한 수요를 상당히 끌어올 수 있을 것이다.

날 믿어라, 이런 일이 일어날 수 있다. 한번은 거절할 수 없는 제안 시스템을 한정 생산되는 제품에 사용한 적이 있었는데, 이미 지시를 내린 고객 중 한 명이 순탄하게 진행되는지 직접 확인하려고 100마일을 날아와 사무실로 왔다. 당신은 곧 사람들을 열광시키는 방법을 알게 될 것이다.

거절할 수 없는 제안은

매우 효과적이므로

비즈니스의 중심이 되어야 한다는 것이다.

다른 마케팅 활동을 펼치기 전

거절할 수 없는 제안이

출발점이 되어야 한다

CHAPTER 5

거절할 수 없는
제안이 아닌 건
무엇인가?

영업과 관련된 과장된 표현에서 말은 무한한 의미를 가질 수 있다.

'새롭고 개선됐다'는 건 획기적이고 혁신적인 제품을 의미할 수 있다. 또한 새 라벨만 붙이고 구성 요소를 대충 손을 본 오래된 같은 물건일 수도 있다.

'사상 최대 빅 세일'은 전례 없는 가격 인하를 의미할 수 있다. 아니면 매출을 늘리려는 필사적인 노력으로 마케터가 열심히 쥐어짜 낸 생각에서 나온 말일 수도 있다.

하지만 거절할 수 없는 제안에 관해서는 애매한 뜻이 없다는 것을 분명히 하고 싶다. 다른 해석의 여지가 없다. 거절할 수 없는 제안은 구체적이고 필수적인 요소로 구성된다. 몇 페이지에 걸쳐서 그 요소들을 다룰 것이다.

그 전에 거절할 수 없는 제안이 아닌 건 무엇인지 이해하는 것이 도움이 될 것이다.

거절할 수 없는 제안은 "특별 제안"이 아니다.

특별 제안은 생겼다가 사라진다. 잠깐만 팔고 만다. 반대로 거절할 수 없는 제안은 제품, 서비스 또는 기업이 중심이다. 생명선으로, 그야말로 본질과 분리될 수 없다.

거절할 수 없는 제안은 소문자가 아니고 대문자이다.

거절할 수 없는 제안은 효과적이지만 오래된 마케팅 개념으로, 구매자가 "이제 그만!"이라고 외치고 압박을 못 견딜 때까지 이득과 보너스가 계속 쌓이는 것이다. 소문자 거절할 수 없는 제안irresistible offer은 새로운 것이 아니다. 대문자 거절할 수 없는 제안The Irresistible Offer도 그렇다. 이전에 언급되지 않았을 뿐이다.

거절할 수 없는 제안은 사실 진술이 아니다.

당신이 20년 동안 사업을 했다고 하자. 정말 아무도 신경 안 쓴다. 신경 쓰는 사람도 있겠지만, 마케팅으로 내세울 만큼 그렇게 중요한 사실은 아니다.

거절할 수 없는 제안은 자랑하는 것이 아니다.

머스코지(Muskogee, 미국 오클라호마주에 위치한 도시)에서 가장 큰 옷가게를 한다? 누누이 말하지만, 정말 아무도 신경 안 쓰고, 신경 쓴다고 해도 현재의 구매 유도에 그렇게 매력적이지 않다.

거절할 수 없는 제안은 이득을 제안하는 것이 아니다.

우리는 여기 어딘가에 있지만, 여전히 거절할 수 없는 것에 대해 상당히 겁먹고 있다.

거절할 수 없는 제안은 USP(고유의 판매 제안, unique selling

proposition)가 아니다.

젠장. 아무도 그게 무슨 뜻인지도 모른다! 이에 관한 몇 가지는 더 자세히 살펴보자.

먼저 거절할 수 없는 제안은 "특별 제안"이 아니라는 점을 살펴보자.

우선, 특별 제안을 비판하는 게 아니라는 걸 분명히 해두자. 그것과는 거리가 멀다. 일시적으로 매출 증가가 필요하다면 좋은 특별판매가 타깃이 될 수 있다. (너무 자주 이용하지 마라. 너무 자주 하면 특별 제안이 아니다. 그리고 많은 피자 가게들이 하는 것처럼 매주 그렇게 하면, 고객은 다음 쿠폰이 생길 때까지 기다릴 것이다. 그들은 당신에게 가려고 장애물을 뛰어넘을 만큼 간절히 당신을 원해야 한다.)

여기서 큰 차이점이 있다. 특별 제안은 1회성 계약이다. 거절할 수 없는 제안은 그렇지 않다. 그렇기에 거절할 수 없는 제안은 비즈니스의 핵심에 중심을 두는 정체성이 된다.

이 제안의 위력은 도미노 피자를 다시 보면 알 수 있다. 그들이 '30분 배달 보증제'를 끝낸 지는 상당히 오래됐다. 2003년에 난 친구들과 함께 도미노에서 피자를 주문했다. 피자는 약 45분 만에 배달됐고, 친구 한 명이 시계를 보더니 "저기, 공짜 아냐?"라고 말했다.

여전히 환상적인 도구인 특별 제안으로 다시 돌아가자.

사실, 특별 제안과 거절할 수 없는 제안은 함께 잘 사용할 수 있다. 특별 제안을 할 경우 거절할 수 없는 제안을 만들 때와 동일한 원칙을 적용할 수 있다. 사실, 특별 제안은 거절할 수 없는 제안보다 훨씬 더 쉽게 만들 수 있다. 제품 또는 비즈니스와 관련해 거절할 수 없는 제안을 구상했으면, 한쪽 팔을 뒤로 묶고 눈을 가린 상태에서도 특별 제안을 구상할 수 있어야 한다.

또한, 거절할 수 없는 제안은 이점이 아니라고 했다.

이점은 매우 강력한 도구가 될 수 있고, 특별한 이점이라면 더욱 그렇다. 그러나 하나의 제안으로서 사람들은 4가지 핵심 질문 중 하나인 '나에게 무슨 이득이 있냐?'에 대해서만 설명한다.

많은 사람이 이점을 주된 마케팅 홍보로 이용하는 치명적인 실수를 하는 걸 봐왔다. 특히 매우 매력적이고 강력한 이점이 있다면, 보여주고 싶겠지만 그건 엄청난 실수다.

이점을 앞세우면 목표 대상의 관심을 끌겠지만, 그 관심은 늘 회의적 시각으로 보게 된다. "무슨 속셈이지? 결함을 감추려고 주의를 딴 데로 돌리는 거야?" 그때 당신은 나머지 마케팅 홍보 내용을 냉철하게 보고 4가지 핵심 질문 중 나머지 세 질문의 답을 찾아야 한다.

거절할 수 없는 제안은 매우 효율적인 방식으로 4가지 핵심 문제를 모두 해결해서, 소비자가 회의적이지 않고 선뜻 받아들이게 만들고 자꾸 구매하려는 마음이 들게 한다.

거절할 수 없는 제안은 USP가 아니다.

USP는 마케팅 업계에서 자유롭게 쓰이는 문구다. 정확히 무엇인가? 누구와 이야기하느냐에 따라 다르다.

다이렉팅 마케팅 전문가와 이야기하는 경우, USP는 고유성과 동의어라고 강조된다. 시장에서 경쟁자와 차별화되는 요소다. 한 세미나에 참석했는데, 강연자는 우리 회사의 모든 이점과 장점을 나열하고, 독특한 것에 동그라미를 치라고 했고, 바로 그것이 USP라고 말했다.

흥미로운 접근법이긴 하지만 거절할 수 없는 제안의 힘을 아주 일부만 보여주는 것이다.

유명 상품과 유명 기업의 브랜딩에 관여하는 사람들은 다른 정의를 내린다. USP는 브랜드의 핵심 가치를 설명하는 것이다.

어느 날, 나는 전설적인 광고 대행사 GSD&M의 CEO인 스티브 거시Steve Gursich와 긴 대화를 나눴다. 이곳은 월마트, 아메

리카 항공과 다른 초대형 기업들을 고객으로 둔 상징적인 대행사다.

우리는 한 기업에 대해 내가 쓴 광고 시안에 대해 논의하고 있었고 USP가 화제로 떠올랐는데, 그 용어에 상당히 다른 정의를 내리고 있다는 것이 곧 분명해졌다.

명확히 하려고, 그에게 "월마트의 USP는 뭐라고 할 건가요?"라고 물었다. 그는 주저 없이 "가치, 충성 그리고 품질."이라고 말했다.

다이렉트 마케터는 형편없는 USP라고 하겠지만, 난 월마트의 연간 매출을 책임지는 다이렉트 마케터를 단 한 명도 모른다.

그 접근 방식은 분명히 월마트에 매우 효과적이지만, 그들의 비즈니스와 마케팅 방식은 독특하다. 만약 당신이 매장 수천 개의 인프라를 구축하고 고객의 구매력 덕분에 모든 경쟁업체보다 저가로 팔 수 있다면, 이 접근법이 당신에게 효과적일 것이다.

게다가 이것은 월마트의 작은 그림에 불과해서, 큰 그림에 어떻게 들어맞는지 이해를 못 한 채 그들의 마케팅 믹스(marketing mix, 마케팅 전략의 집합)의 작은 부분만 따라 하는 건 어리석은 일이다.

한 번 더 살펴보고 우리가 찾고자 하는 것에 가까워지는지 보자.

로서 리브스Rosser Reeves는 누구나 아는 이름은 아니지만, 광고 역사상 가장 위대한 인물 중 한 명이다. 자신의 책『광고의 현실Reality in Advertising』(뉴욕 크노프 출판사, 1961년 출간)에서 다음과 같이 말했다.

> "각 광고는 소비자에게 제안해야 한다. 그냥 말로만 하는 과대광고도 아니고, 쇼윈도 광고도 아니다. 각 광고는 소비자 각자에게 '이 제품을 구매하면 이 특별한 혜택을 받을 수 있어요.'라고 말해야 한다. 경쟁사가 하지 않았거나 할 수 없었던 제안이어야 한다. 브랜드의 독창성 또는 특정 광고 분야에서 한 번도 하지 않는 주장으로 고유해야 한다."

심오한 생각이다. 우리가 알고자 하는 바에 매우 근접했지만, 아직 완전히 이르지 못했다.

다이렉트 마케터처럼 리브스도 고유성 그 자체만으로도 충분하다고 생각했던 거 같다. 그의 대단하고 고전적인 캠페인 중 하나가 이런 개념을 반영했다. 애너신Anacin 광고가 기억나는가?

"애너신: 의사가 가장 많이 처방하는 진통제."

강력한 단어의 조합이다. 아마 지금까지 나온 최고의 광고 카피 중 하나일 것이다. 의사들이 애너신을 다른 진통제보다 더 많이 처방한다는 것은, 두통을 멈추는 데 효과가 아주 뛰어나다고 생각하게 만든다.

브랜딩 관점에서 훌륭한 USP다. 약국에서 아스피린 계열 약을 사려고 할 때, 의사들이 가장 많이 처방하는 걸 사도록 설득당할 수 있다.

하지만 거절할 수 없는 제안은 아니다.

왜 아닌가?

가장 좋을 거 같은 아스피린에 대해 궁금하게 만들 뿐 당장 사고 싶게 하지는 않기 때문이다. 거절할 수 없는 제안은 매장에서 어떤 아스피린을 사야 할지 고민할 때만 도움이 되는 것이 아니라, 매장으로 달려가 그 브랜드를 구매하도록 동기를 부여한다.

고유성만으로 판매 수익이 증가할 거라고 생각하는 함정에 빠지지 마라. 약국에 있는 동안 매 정각에 라이브 음악 공연을 펼치는 유일한 약국으로 마케팅을 한다고 가정해 보자. 몇몇 사람들은 참신하게 여겨서 관심을 가질 수도 있지만, 반드시 매출로 이어지지 않을 것이다.

다시 말하지만, 고유성 그 자체로는 충분하지 않으며 때로는 전혀 관련이 없다.

또는 마을에서 일본어를 구사하는 약사가 있는 유일한 약국이라는 점을 홍보한다면 어떨까? 확실히 일본어를 쓰는 사람들의 관심을 불러일으킬 고유한 이점이지만, 이는 거절할 수 없는 제안만큼 강력하지 않으며, 그저 하나의 (나중에 자세히 설명할) 제안 강화 방법Offer Intensifier일 뿐이다.

단순히 고유하다는 것만으로는 충분하지 않다.

반대로 진통제를 "10분 내로 두통이 사라지지 않고 기분도 좋아지지 않으면 환불해 드립니다."라고 마케팅을 한다면 어떨까?

그건 다른 접근법인가? 다른 영향을 미칠까?

거절할 수 없는 제안은 정말 거절할 수 없게 만드는 몇 가지 요소가 필요하다.

그 요소들이 무엇인지는 다음 장에서 알 수 있다.

CHAPTER 6

거절할 수 없는
제안의 요소

자, 이쯤 되면 당신은 '거절할 수 없는 제안'이 당신의 비즈니스를 번창시키고 거대 기업으로 성장시키도록 하는 힘이 있다는 걸 깨닫기 시작했다. 하지만 몇 가지 질문이 당연히 생겼을 것이다. 가장 중요한 질문은…

어떻게 해야 하는가?

제안을 만드는 몇 가지 방법을 곧 알게 될 것이다. 우선 거절할 수 없는 제안을 구성하는 세 가지 요소부터 시작해보자.

1 높은 ROI 제안Hight ROI Offer

2 시금석Touchstone

3 신뢰성Believability

연상 기억법을 이용하면 3가지 핵심 요소를 기억하기 쉽다. HTB를 어떻게 부자가 될 것인가(How to Be Rich)로 생각해보자. 당연히, 거절할 수 없는 제안이다!

각 요소들을 보다 자세히 알아보자.

높은 ROI 제안

비즈니스의 핵심 원칙인 제안하기를 떠올려라! 제안을 해야 진정한 비즈니스가 시작된다. 내가 당신에게 이것을 주면 당신은 나에게 저것을 주는 '쿼드 프로 쿼Quid Pro Quo'다. 거래를 맺으려면 우리 모두에게 이득이 있어야 한다.

가장 기본적인 것이다. 하지만 오늘날 수많은 기업들과 기업가들은 이 기본 원칙에서 벗어나고 있다. 그리고 핵심 원칙에서 벗어날수록 고객은 더 혼란스러워하고 궁극적으로 매출 손실로 이어진다.

ROI는 '투자 수익Return on Investment'을 의미한다. 모든 구매는 본질적으로 투자다. 또한 고객이 투자했던 것보다 낮은 가치를 얻는다면, 당신은 비즈니스를 오래 하지 못할 것이다.

고객에게 정말 좋은 거래를 제안하기만 하면 마케팅은 갑자기 훨씬 수월해진다.

이러한 핵심 원칙에서 벗어난 기업들은 자신들의 제안이 소비자에게 진정으로 높은 ROI를 주지 못하기 때문에 그렇게 벗어나는 것이다. 기업체들은 투자 수익만 올리면 된다고 합리화하면서, 판매 속임수 쓰는 걸 쉽게 정당화한다.

ROI가 확실하면 속임수가 필요 없다. 바로 본론으로 들어가서, 영업에 더 많은 시간을 할애할 수 있고, 속임수를 짜낸다고 시간을 낭비하지 않아도 된다.

1950년대와 60년대 돌아가서, 영화관은 늘 이런 속임수를 썼다. 그들은 싸구려 공포 영화를 걸고 관람객들에게 아주 무서운 장면 때문에 심장 마비가 일어나도 극장 측에 책임을 묻지 않겠다는 각서에 서명하도록 했다. 영화관은 영화가 너무 형편없었기 때문에 이런 술책을 부려야만 했다. 관람객의 투자(티켓값과 영화관에서 보낸 시간)만큼 수익(엔터테인먼트로서의 가치)이 나지 않았기 때문에 영화관은 낮은 ROI에서 시선을 돌리려고 저급한 묘책을 써야 했다.

당신은 그럴듯한 제안처럼 보이도록 이런 종류의 속임수에 의존할 필요가 없다. 정말 높은 ROI를 내놓으면 된다. 손가락을 튕겨서 엄청난 제품으로 바꿀 수 없다면 제품이 멋지게 보이도록 무언가를 덧붙여라. 서비스, 기능 또는 혜택을 추가해라. 고객에게 당신의 제안이 정말 가치 있게 보이도록 무엇이든 부가해라.

앞에서 언급한 도미노 피자 사례를 다시 살펴보자.

도미노의 30분 배달 보증제는 다른 수백만 명의 고객들처럼 내 주의를 끌기에 아주 효과적이었다. 하지만 그 기업이 정신을 차리고 더 맛있는 피자를 만들지 않았다면, 그 효과는 오래 지속되지 못했을 것이다. 훌륭한 시금석(아마도 전형적인 시금석)이 있었지만, 지속적으로 번창하기 위해서는 더 높은 ROI 제공이 필요했다.

요즘 난 도미노가 빠르고 저렴하고 맛있어서 주문한다. 즉, 투자에서 상당한 수익을 얻고 있다. 맛이 없었다면, 도미노는 내가 간절해서 피자 한두 판을 더 사도록 나를 속일 수 있지만, 두 판(Second Helping, 직역하면 두 번째 도움, 즉 두 그릇째) 더 먹겠다고 주문하지 않을 것이다.

오늘날 난 만족스럽고 충성스러운 고객일 뿐만 아니라, 친구들에게 도미노 피자의 맛에 대해 이야기하면서 마케팅 메시지를 퍼트리고 있다. (이런 입소문 마케팅을 최대한 활용하는 방법에 대해 자세히 읽어 볼 수 있다. 하지만 사실 높은 ROI 제공이 게임 대부분을 차지한다. 거절할 수 없는 제안이 없는 입소문의 효과는 미온적이다. 이에 대해 곧 자세히 다루겠다.)

고객에게 속임수를 쓰면 정반대의 결과를 얻을 수 있다. 날 믿어라. 그런 경험이 있다. 그럴듯한 거절할 수 없는 제안에 속아서 구매를 했지만, 실제로 그 기업은 가장 중요한 높은 ROI를 내지 못했고, 손익 분기점도 넘지 못했다. 이런 경우, 관련 기업들은 나를 팬으로 만드는 데 실패했을 뿐만 아니라 평생의 적으로 만들었다. 친구들과 앉아서 우리에게 잘못한 형편없는 회사들에 관해 이야기할 때가 있다. 그러면 새로운 친구가 와서 우리의 이야기를 듣고 다른 사람들에게 전한다. 따라서 이렇게 낮은 ROI 기업은 고객이 된 적도 없는 사람들에게 험담을 듣게 되고 마땅한 대가를 치르게 된다.

이런 실수는 한 번이면 족하다. 대기업들조차도 단 하나의 실수로 엄청난 타격을 입는다. 윈스턴 처칠은 "진실이 바지를 입기도 전에 거짓말은 지구 반 바퀴를 돈다."라고 말했다. 부정적인 정보는 긍정적 정보보다 훨씬 빠르게 퍼지기에, 단순히 만족시키기만 하는 게 아니라 고객이 완전히 기쁨을 누리도록 하는 것이 훨씬 중요하다.

시금석

요즘처럼 우리의 관심을 끌려는 마케팅 메시지가 이렇게 많았던 적은 없었다. TV와 라디오 광고, 다이렉트 메일, 광고판, 인터넷 배너 광고, 이메일 등 무수히 많다. 몇 주 전 비행기에서 접이식 테이블을 내렸을 때도 휴대폰 광고가 있었다.

너무 많아서 대부분은 기억에 남지도 않는다. 아주 창의적인 접근법이라도 잠깐 관심이 생길 뿐 마케팅 백색소음이 된다.

모든 잡음을 뛰어넘을 수 있다면? 고객의 관심을 끌고 정말 기억에 남아서 바로 그 자리에서 당신의 제품이나 서비스를 구매하도록 할 수 있다면 어떨까?

그리고 이 모든 것이 3초 내로 일어난다면 어떨까?

거절할 수 없는 제안의 시금석이 바로 그렇게 할 수 있다. 여기서 진정한 영업이 이뤄진다. 시금석을 내세우고 나서 당신이 할 일은 일을 망치지 않고 거래를 성사시키는 것이다.

우리는 우리 자신을 능가하고 있다.

시금석은 무엇인가? 간단히 말해서 다음과 같다.

- 기업이 현재 판매 중인 제품 or 서비스

- 가격

- 고객이 얻는 이득

- 고객이 기업을 신뢰해야 하는 이유

책 앞부분에서 언급돼 익숙한 말일 것이다. 4가지 핵심 질문을 기억하는가?

그리고 반드시 당신의 시금석은 **'여기에 엄청난 제안이 있다. 이걸 지나치면 어리석은 고객이 될 것이다.'**라고 말할 수 있어야 한다.

이제 내가 방금 말한 내용을 바탕으로 시금석을 구축하기 전에 이런 다양한 점들 전달만 해서는 충분하지 않다는 것을 깨달아야 한다. 장보기 목록이 아니다. 고객에게 원하는 영향을 미치려면 이런 생각들을 특별한 방식으로 전달해야 한다.

1) 훌륭한 시금석의 양식 요소

다음 가이드라인은 몇 가지 유용한 실마리를 제공한다.

명확성

고객이 당신의 말을 해석하게 만들지 말라. 사람들은 성가신 일을 싫어한다. 생각할 여지를 주지 않는 명확한 메시지로 고객들의 마음을 잡아라.

단순함

사람들은 복잡한 인생을 살고 있다. 사람들은 복잡한 것을 찾지 않는다. 특히 뭔가를 팔려는 사람에게서 복잡한 것을 듣고 싶어 하지 않는다. 시금석은 이해하기 쉽도록 간단해야 한다.

간결성

평소에 서두르지 않는가? 고객도 그렇다. 그 점을 받아들이고 짧게 만들어라. 정말 짧게 말이다. 한눈에 보여야 한다.

직관성

시금석은 바로 본론부터 들어가야 한다. 더 이상 기업을 홍보하거나 상품을 파는 것이 아니다. 사실만을 보여주고 고객이 스스로 가치를 판단하도록 하는 것이다. 당신의 제안이 충분히 강렬하다면, 그 점을 홍보할 필요가 없다. 거절할 수 없는 제안으로 성가신 영업사원에서 바람직한 가치를 선사하는 신뢰할 수 있는 친구가 된다. 고객이 원하거나 원하지 않거나 둘 중 하나다. 그 고객이 원치 않으면, 다음 잠재 고객을 찾아 나서는 것이 기업과 고객의 시간을 크게 절약할 수 있다.

자, 여기서 알아야 할 중요한 차이점이 있다. 시금석이 구축된 제안은 높은 ROI 제안과는 별개라는 점이다. 대개 그 두 가지는 다르다.

2) 역사상 가장 훌륭한 시금석 3가지

도미노 피자, 컬럼비아 하우스 레코드, 페덱스FedEx, Federal Express를 예로 들 수 있다.

도미노 피자

"30분 내 집으로 따뜻한 피자를 배달 못 하면 공짜"는 최고의 시금석이다.

피자 맛에 대해서는 말하지 않는다. 이는 회사 초창기에도 마찬가지였다. 다만 시금석 요소 네 가지 중 세 가지를 멋지게 전달했다.

- 기업이 현재 판매 중인 제품 or 서비스 - 신속히 배달되는 피자
- 고객이 얻는 이득 - 배고플 때 피자가 신속 배달되거나 공짜 피자
- 고객이 기업을 신뢰해야 하는 이유 - 약속을 지키지 못하면, 저녁이 공짜다.

그렇다면 높은 ROI 제안을 하고 있는가? 아니다. 처음에 도미노는 가격만큼 맛 좋은 피자가 아니었다. 사실 빠르게 배달을 했지만 맛있는 피자를 찾는 고객에게는 큰 수익이 아니었다.

시금석은 불꽃이지만, 오랫동안 불꽃이 타오르도록 하려면 높은 ROI 제안(괜찮은 가격에 맛있는 피자)이 필요하다.

컬럼비아 하우스 레코드

"1센트에 CD 10장을 드립니다."라는 시금석도 훌륭하다. 아주 훌륭해서 사실 여러 CD와 북클럽 업체에서 여러 가지로 변

형해서 사용했고, 오늘날에도 여전히 쓰인다.

> 지속적인 마케팅은 괜찮은 마케팅이다. 시간이 흘러도 한 광고가 계속
> 나온다면, 광고의 경제적인 측면에서 볼 때 매우 효과적인 마케팅일
> 가능성이 크다. 형편없는 마케팅은 오래가지 못하는데, 그런 마케팅으
> 로 벌어들인 돈이 떨어지면 캠페인을 지속할 수 없기 때문이다.

마케팅 과학에 관심 있는 사람에게는 이런 접근 방식이 정
말 흥미롭다. 표면적으로는 4가지 요소 중 3가지를 잘 전달
한다.

- 기업이 현재 판매 중인 제품 or 서비스 - 저렴한 CD

- 가격 - 1센트

- 고객이 얻는 이득 - 저렴한 가격에 듣는 음악

- **고객이 기업을 신뢰해야 하는 이유** - 밑져야 본전이다. (위험은 낮지만 소
  비자는 여전히 회의적이고, 그럴 만하다.)

그렇다면 높은 ROI 제안은 무엇인가? 당신이 생각한 대로,
진짜로 1센트에 CD 10장만 사는 게 아니다. 더 높은 가격으로
다음에 CD 몇 장을 반드시 구매해야 한다.

그럼에도 불구하고 계약 기간 동안 총 지불액을 생각할 때, 받게 되는 CD 개수와 그만큼 구입하려고 쇼핑몰에 갈 필요가 없는 편리함을 비교하면 상당히 좋은 거래라는 걸 알게 된다.

컬럼비아 하우스의 사례에서 얻을 수 있는 교훈은 무엇인가? 높은 ROI 제안을 중심으로 어느 정도 술책을 쓸 수 있고 추가적인 면밀한 조사에도 잘 견딘다는 것이다.

저렴한 피자와 저렴한 CD를 각각 제공하는 도미노와 컬럼비아 하우스와는 달리 가격에 대해 전혀 언급하지 않는 시금석을 이용하는 다른 회사의 다른 사례를 강조하고 싶다.

페덱스

"페덱스라면 가능합니다When it absolutely, positively has tobe there overnight."라는 시금석은 거절할 수 없는 제안의 시금석 기준에 딱 들어맞지 않는 것 같다. 표면상 특별한 특징이 전혀 없어 보인다. 하지만 실제로는 최고의 훌륭한 시금석 중 하나다. 자세히 살펴보자.

- 기업이 현재 판매 중인 제품 or 서비스 - 익일 배송
- 가격 - 이에 대한 설명은 없지만 이 서비스가 고객에게 매우 가치가 있

기에, 가격을 신경 쓰지 않을 것이다.

- 고객이 얻는 이득 - 익일 배송으로 주문이 제시간에 도착해 고객은 행
  복하다.

- **고객이 기업을 신뢰해야 하는 이유** - '페덱스'보다 더 믿을 만한 이름이
  있는가?

비언어적 의사소통

거절할 수 없는 제안에 대해 완전히 알게 되면, 당신은 단순히 말보다 다른 것으로 4가지 핵심 질문을 풀 수 있다는 것을 깨닫게 될 것이다.

페덱스의 경우에서 알 수 있듯이, 신뢰 문제에서 회사 이름 자체만으로도 시선을 끌었다. 더 많은 브랜드 자산과 평판을 얻으면 그 질문은 또 다른 방식으로 해결된다.

정보는 여러 가지 방법으로 전달된다는 것을 기억하라. 이미지의 형태를 취할 수도 있다. 시장에서는 브랜드 포지셔닝(brand positioning)의 형태를 취할 수 있다(아마도 가장 미묘하지만 가장 강력한 커뮤니케이션 형태 중 하나로, 특히 포지셔닝에 대해 알 리스(Al Ries)와 잭 트라우트(Jack Trout)의 책을 읽어봐라). 영업 담당자의 모습일 수도 있다(판매 및 고객 관리 담당자를 현명하게 선택하라!).

이 시금석 가격을 제외하고 75%의 높은 ROI 제안을 한다. 물론 가격이 너무 비싸면 문을 닫을 것이다. 하지만 중요한 건 페덱스가 매우 간편한 서비스를 제공하기 때문에 높은 ROI 제

안에서 크게 벗어나지 않아도 된다는 것이다.

어쩌면 당신은 너무 운이 없어서 그런 종류의 단순함을 접하지 못한 것일 수도 있다.

신뢰성

당신이 나에게 1달러를 줄 때마다, 나는 당신에게 1,000달러를 주겠다고 한다면?

어쨌든, 정말 강력한 시금석이다. 그 제안을 받아들일 것인가?

자, 당신의 마음을 알기 위해 내가 심령술사가 될 필요는 없다.

시금석을 증명하기 위해 바로 이런 제안을 신문 광고로 실은 다이렉트 마케터 마이크 엔로우Mike Enlow에 대한 이야기를 종종 한다. 그는 어떤 반응도 얻지 못했다. 하나도.

시금석을 더 크고 대담하게 만들수록 증명하기가 더 어려워지고, 신뢰와 신용을 얻기 위해 더 열심히 노력해야 한다.

신뢰성은 어떻게 전해질까? 당신을 신뢰할 수 있고, 당신의 제안이 무조건 좋은 것은 아니라는 걸 어떻게 증명할 것인가?

물론 각 경우마다 문제가 있지만 고려해 볼 몇 가지 방법이 있다. 당신의 제안 및 고객에 어울리도록 접근 방식을 바꿔라.

대담한 것도 좋지만, 대담해질수록 당신을 신뢰할 수 있는지에 대한 기대치도 높아진다는 걸 기억해라. 신뢰를 얻기 위한 마법의 공식은 다음과 같다.

1) 증명

제안의 신뢰성을 높이기 위해 사용할 수 있는 세 가지 유형의 증명이 있다.

먼저, 사회적 증명이 있다. 일반적으로 후기를 통해, 제품을 사용해보고 상당히 만족해하는 사람들이 있다는 것을 보여준다. 좋은 후기에는 조작한 것이 아니라는 걸 증명하기 위해 이메일 주소, 웹사이트 주소, 사진 등이 있어야 한다. 신시내티에 사는 마릴린Marilyn이 당신의 서비스를 마음에 들어한다는 사실을 보여주고 싶다면, 마릴린이 마케팅 상상력의 산물이 아니라 진짜 사람이라는 것을 증명해야 한다.

둘째, 기술적 증명이 있다. 제품의 효과가 과학적으로 검증되었는가? 제품이 실제로 명시된 목적을 이룰 수 있다는 걸 보여주는 테스트를 했는가? 다시 말하지만, 이러한 증거들은 믿을 만한 방법으로 제시되어야 한다. 그렇지 않으면 신뢰를 높이기보다는 오히려 잃게 될 것이다.

셋째, 단순한 사실적 증명이 있다. 제품을 제공할 때, 비교 가능한 제품의 가치나 인기가 시간이 지남에 따라 어떻게 늘어났는지 보여주는 연구가 있는가? 귀한 생필품을 판매하는 기업들은 이러한 상품들이 어떻게 좋은 투자가 될 수 있는지 자주 그리고 효과적으로 증명한다.

2) 신용

신용은 당신에 관한 것이다. 당신을 믿을 수 있는가? 당신에게는 제안이 바람직하다고 믿게 만들 수 있는 힘이 있는가? 신용은 여러 가지 형태를 취할 수 있다.

보증

당신의 제품을 보증할 수 있는 유명인이나 존경받은 권위자가 있는가? 사람들은 TV나 신문에서 본 누군가가 받쳐주는 제안을 더 많이 신뢰한다. 하지만 그 유명인사가 당신이 판매하는 제품이나 서비스에 어울리는지 확인해야 한다. 예를 들어, 어린이집 홍보에 마이클 잭슨을 쓰지 않을 것이다. 극단적인 경우지만 요점은 이해된다.

그다지 극단적이지 않은 실제 사례는 배우 마틴 쉰Martin Sheen에서 찾을 수 있다. 그는 미국의 이라크 침공 전에 반전 광고 모델을 맡았다. 이것의 효과는 의도했던 것과는 정반대로 나타났다. TV 드라마에서 대통령 역할을 연기했지만 정치적 경험이 없는 사람이 무기 사찰 프로그램의 효과에 대해 말하자, 사람들은 자신들의 지식이 무시당하고 있다고 느꼈다. 분명히 선전물 제작자들은 가상 세계의 권위를 지렛대로 이용하려고 했지만 역효과를 낳았다.

세간의 이목을 끄는 고객들

IBM, 마이크로소프트 또는 소니 전 직원이 당신의 제품 중 하나를 사용한다고 말할 수 있다면, 미래의 고객에게 매우 매력적인 사례가 될 것이다. 성공과 탁월함으로 명성을 얻은 사람들이 당신의 고객이 되기로 했다면, 목표로 했던 잠재 고객들과 함께 나아갈 수 있는 신뢰를 구축한다.

자격

사실상 모든 직업이나 직업 분야에는 구성원들의 업무를 평가하는 조직이 있다. 업무 평가를 자세히 살피고, 당신의 전문 기술과 지식을 보여주는 학위나 학점을 언급하는 걸 잊지 마라.

수상과 표창

당신의 업무를 눈여겨보는 사람이 있는가? 산업 대회에서 우승한 적이 있는가? 잠재적 구매자와 고객들은 우승자의 아우라가 느껴지는 제안에 끌린다. 하지만 자랑하는 것처럼 보일 수 있기 때문에 먼저 내세우는 걸 추천하지 않는다.

논리

고객의 논리적 사고에 호소하는 힘을 과소평가하지 마라. 당신이 제안할 때, 그 사람들은 머리를 굴린다. 어떻게 당신이 그렇게 훌륭한 제안을 할 수 있는지 자문한다. 만약 당신이 그 의문에 대해 논리적인 답을 할 수 있다면, 결승점에 보다 더 가까워진다.

모든 제품을 10달러 이하에 판다는 한국 화장품 회사가 있다. 의심이 들 것이다. 꽤 괜찮은 제품을 어떻게 그렇게 저렴하게 팔 수 있는가? 하지만 그 회사의 논리적 설명을 듣고 나면 큰 효과가 일어난다.

그 회사는 화장품의 경우 비용의 90%가 광고라고 지적했다. 패션잡지에 전면 광고를 싣는 등 광고 비용을 쓰지 않기에 제품이 상당히 저렴한 것이다. 그리고 대부분 화장품은 필러와 폼이라고 덧붙였다. 이런 제품 종류는 비용을 추가하고 쓸 수 있는 제품의 양을 줄인다.

회사가 이 논리를 제시하면 제안은 믿기 힘든 것에서 매우 신뢰할 만한 것으로 바뀐다. 그리고 열성적인 고객들이 주기적으로 매장을 가득 채운다.

한국 소비자들은 가격에 매우 민감한 경향이 있어서, 이런 제안은 계획과 실행이 잘된 것이다.

논리가 거절할 수 없는 제안을 뒷받침한다는 걸 명심하라. "창고 대개방을 해야 해요." 혹은 "아시아에 나에게 매우 저렴하게 파는 새 공급업체가 있어요."와 같은 점을 고객에게 알려주면, 고객에게는 당신의 제안에 선뜻 달려들어야 하는 강력한 근거가 생긴다. 물론, 당신의 주장을 그럴듯하게 만들어야 한다. 가끔 마케터들은 매출을 올리려고 믿기 힘든 이야기를 지어내는데 이는 오히려 역효과를 낸다. 당신은 그러지 않도록 해라.

이제 마케팅 캠페인에서 실제로 시금석이 어떻게 진행되는지, 고객의 관점과 기업의 관점 모두에서 살펴보자.

거절할 수 없는 제안 생성 과정: 기업이 할 일 단계별 정리

1 단계: 높은 ROI 제안 개발

우선 고객에게 분명한 투자 수익을 제공하는 무언가를 만들어야 한다. 이 단계를 하지 않으면 일을 진척시키거나 비즈니스를 계속할 이유가 없다.

2 단계: 매력적인 시금석 만들기

마케팅 캠페인의 핵심을 개발해야 한다. 이 핵심적인 일에 모든 노력을 쏟아야 한다. 이것은 늘 기업이 원하는 하나의 브랜드 아이덴티티 메시지다.

3단계: 신뢰성

한 기업의 제안과 캠페인이 지속적인 공감을 얻기 위해서는, 신뢰를 높이는 다양한 요소를 중심으로 비즈니스를 집중해야 한다. 기억하라, 모든 게 말로만 전해지는 건 아니다.

거절할 수 없는 제안 영업 프로세스: 고객이 보는 것의 단계별 정리

1단계 보기: 기업의 시금석

시금석은 고객의 관심을 불러일으킨다. 4가지 핵심 질문 중 2~3개의 답이 고객의 호기심을 불러일으키고 자극해서, 기업의 제품이나 서비스에 대해 알려고 더 깊이 파고들 것이다.

2단계 보기: 신뢰성

고객은 기업 혹은 기업의 제품과 서비스에 대해 충분히 알아내고 기업을 신뢰할 수 있음을 안다. 이는 고객에게 더 깊이 파고드는 힘을 준다.

3단계 보기: 높은 ROI 제안

고객이 이 단계까지 와서 시금석이 기업이 제안하고 있는 정신을 정확히 포착했다는 걸 안다면, 판매가 이뤄진다. 고객이 기대했던 것보다 더 좋다는 걸 알게 되면 영업은 완전히 성공한 것이다.

마무리

당신의 마케팅은 하루 종일 고객을 괴롭히는 말도 안 되는 끊임없는 마케팅 공세를 이겨내야 한다는 걸 기억하라. 이것이 효과적인 시금석의 목적이다. 다른 모든 소음을 초월하는 짧고 흥미롭고 신뢰할 수 있는 제안을 잠재 고객에게 바로 제시한다.

고객은 무언의 내적 대화를 시작한다. '있잖아, 그건 일반적인 조작 광고가 아니야. 내가 원하는 걸 정말로 이해하고 있어.'

그런 후 신뢰도를 강화하는 요소를 추가한다.

무언의 내적 대화가 다시 들린다. '좋아, 훌륭한 제안이고, 이 사람들은 믿을 만한 거 같아. 그런데 가끔 아무것도 아닌 거 같아. 뭐가 문제지? 속셈이 뭘까?'

그리고 이때가 성패를 가르는 시점이다. 시금석이 제안을 충족하고 고객은 현실이 약속과 같은지 여부를 판단할 때다. 그리고 때때로 속셈이 숨겨져 있다. 만약 시금석이 특가품이면, 때로 기업은 괜찮은 거래를 대가로 고객에게 더 많은 것을 요구할 수 있다.

그러나 더 깊이 파고든 후 잠재 고객이 정말 높은 ROI 제안을 발견하면 거래가 성사된다.

고객의 논리적 사고에 호소하는 힘을
과소평가하지 마라.
당신이 제안할 때,
그 사람들은 머리를 굴린다.
어떻게 당신이 그렇게 훌
륭한 제안을 할 수 있는지 자문한다.
만약 당신이 그 의문에 대해
논리적인 답을 할 수 있다면,
결승점에 보다 더 가까워진다.

CHAPTER 7

위대한 공식:

목마른 사람에게
거절할 수 없는
제안을 하고
두 번째 잔 팔기

당신은 기대 이상의 비즈니스 성공을 거둘 수 있으며, 이를 위해 MBA 학위를 취득하거나 관련 서적을 산더미처럼 구입하지 않아도 된다. 매우 효과적이라서 '위대한 공식'이라고 부르는 간단한 공식이 있다. 이 공식으로 열성적인 고객들로부터 반복 비즈니스repeat business 흐름을 이끌어낼 것이다.

다음 세 단계를 따르는 건 어렵지 않다.

1단계 거절할 수 없는 제안 만들기

2단계 목마른 사람들에게 제시하기

3단계 그들에게 두 번째 잔 팔기

이 공식을 기억하고 지킬 수 있다면 성공은 보장된다. 물론 계속해서 비즈니스에 대해 공부하고 새로운 지식을 얻어야 한다. 하지만 무엇을 배우든 이 3단계 공식을 확고히 해야 한다는 걸 기억해라.

더 실력 좋은 마케터가 되려고 하든 더 매력적인 광고 카피를 만들려고 하든, 당신이 배우는 것이 위대한 공식을 대신할 수 없음을 기억해둬라.

3단계를 자세히 살펴보자.

위대한 공식 3단계

1단계: 거절할 수 없는 제안 만들기

이 점에 대해 책 앞부분에서 꽤 광범위하게 다뤘다. 당신은 거절할 수 없는 제안을 만드는 방법을 안다. 간단한 개념이다. 하지만 **당연하게 여기지 마라!**

다른 일을 하기 전에 거절할 수 없는 제안 만들기를 완전히 익혀라. 이 기본적이고 필수적인 첫 단계를 통달하기 전에 2단계와 3단계로 넘어가려고 하면 궁극적인 성공의 일부만 이루게 될 것이다.

2단계: 목마른 사람들에게 그 제안 제시하기

노년층에게 새 관절염약을 판다고 해 보자. MTV에 문신과 코 피어싱을 한 헤비메탈 밴드 공연 중간에 제품을 광고할 건인가? 디즈니 채널에서 만화를 좋아하는 아이들을 대상으로 마케팅을 하겠는가?

당연히 아니다. 세상에서 가장 훌륭한 제안을 만들 수 있지만, 당신의 제품에 대해 자연스럽게 관심을 보이고 간절히 원하는 사람들에게 그 제안을 하지 않는다면 시간을 낭비하는 것이다.

관심을 보이는 사람들에게 당신의 제안을 선보여라. 잠재 고객과 접촉할 수 있는 연락 창구point of contact에서 효과가 있을 것이고 대부분은 비용이 들지 않는다.

이 시점에서 나는 고객에게 뭘 제시할 것인지 물어본다. 그 사람에게 어떻게 제안할 것인가?

당신은 이 질문에 대한 답을 이미 알고 있기 때문에 더 이상 설명할 필요가 없다. 앞부분에서 거절할 수 없는 제안을 구성하고 제시하는 방법에 대해 설명했다. 그것이 당신의 메시지다. 당신이 결정해야 하는 것은 청중과 전달 수단이다. 거절할 수 없는 제안은 매우 강력하고 매우 간결하기 때문에 고객을 확보하는 캠페인이 중심이 되어야 한다.

메시지를 전달할 수 있는 방법은 수만 가지가 있으며 해당 주제에 대한 책과 영상도 많다. 하지만 위대한 공식을 활용하지 않으면 세상의 모든 마케팅 전략이 잠재력을 충분히 발휘하지 못한다는 것을 기억하라.

자신의 개인 광고 ROI를 계속 주시하라. 캠페인의 효과를 최대한 추적하고 테스트하라. 무작정 산발적으로 하는 것보다 효과가 있는 것과 없는 것을 알아야 한다.

대담해져라. 공격적으로 굴어라.

미친 듯이 시험하라.

효과가 없는 것은 버려라.

당신이 제안하는 것을 선뜻 받아들일 사람들에게 효과 있는 것을 더 많이 하라.

더 이상 복잡할 게 없다.

연락 창구(Points of Contact)

내가 접했던 가장 유용한 마케팅 구성 중 하나는 고객 연락 창구다. 마케팅은 고객이나 잠재 고객과의 모든 연락 창구에서 일어날 수 있을 뿐만 아니라 실제로 일어날 수 있다는 것을 깨닫는다면, 몇 가지 흥미로운 가능성을 떠올리게 된다. 이런 생각으로 많은 기업이 수익을 크게 늘릴 수 있었다.

예를 들어, 온라인 구매 시 구매 완료 후 다소 간소해 보이는 영수증을 받게 된다. 나도 이 구성을 적용하기 전까지는 그런 영수증을 받았다.

비즈니스용 전자책이 팔릴 때마다 뒷부분에 원클릭 업셀(One-Click-Upsell, 상향판매)이라는 것을 추가했다. 고객에게 '동의'를 클릭하기만 하면 서비스 중 하나를 한 달 동안 무료로 제공받을 수 있다고 말했다. 의무 사항은 아니다. 비용은 30일 후에 청구된다.

놀랍게도 고객의 45%가 이 제안을 받아들였다. 수익에 미치는 영향이 상상될 것이다.

이것이 성공한 후, 난 모든 곳에서 이러한 기회를 찾기 시작했다. 하나둘씩 작은 마케팅 기회를 찾기 시작했다.

예를 들어, 영수증 발급 시에 고객 관리 담당자가 다른 책을 추천하는 작은 메모를 포함시켰다. 며칠 후, 고객들에게 질문 여부와 구매 만족도를 확인하는 후속 조치를 했다. 물론 다른 고품질 제품에 대한 적당한 추천도 슬며시 했다.

이렇게 생각해보자. 당신은 언제부터 고객이나 잠재 고객의 눈높이에 맞췄는가?

배송 차량을 보유한 현명한 업체들은 배송 차량을 광고로 도배할 것이다. 이런 추가 노출에 비용은 얼마나 더 드는가? 차량에 페인트칠하는 비용과 같다.

그러나 모든 경우에 직접 반응(direct response) 메커니즘을 포함시켜야 하고, 가급적이면 기억에 남는 인터넷 사이트 주소를 사용하는 것이 좋다. 고객들은 (1-800-FLOWERS 같은 번호가 아니면) 기업 전화번호는 기억하지 못하지만 'Flowers Overnight.com'은 기억할 것이다.

고객이 어떻게 반응하기를 원하는지 항상 분명히 해야 한다.

많은 브랜드 마케터들은 광고에서 반응 메커니즘을 명시할 필요가 없다고 말하지만, 당신의 브랜드를 발전시키고 동시에 직접적인 반응을 얻을 수 있지 않은가? 당연히 그렇다. 일반 매장에서 제품을 판매하더라도 고객에게 어떤 매장을 방문할지 또는 최소한 제품에 대해 자세히 알 수 있는 인터넷 사이트를 찾는 방법을 알려주고 싶을 것이다. 항상 고객에게 무언가를 알려줘라.

3단계: 두 번째 잔 팔기

이 부분에서 가장 많은 수익을 얻을 수 있다.

부인할 수 없고, 계속해서 입증되는 사실은 기존 고객에게 영업하는 비용이 새 고객 확보에 드는 비용보다 훨씬 적다는 것이다. 물론, 거절할 수 없는 제안으로 고객 확보 비용이 크게 절감되지만 기존 고객에 대한 ROI는 이보다 훨씬 더 절감된다.

맥도날드는 새로운 고객이 햄버거를 사도록 하려고 수천만 달러를 쓴다. 광고와 마케팅에 엄청난 돈을 쏟아붓지만 처음에는 햄버거 하나당 89센트 손실을 입는다. 하지만 일단 고객이 매장에 오면 콜라, 감자튀김, 애플파이, 맥플러리에 돈을 쉽게 쓸 것이고, 계속해서 올 것이라는 걸 안다.

분석에 의한 마비 (Paralysis by Analysis)

때때로 사람들은 테스트와 추적에 너무 몰두해서 항상 더 많은 시간을 투자해야 하는 한 가시 일, 즉 마케팅을 하지 않는다. 이것이 분석에 의한 마비다. 사물 분석 과정에 너무 깊이 빠져들어서 그야말로 할 일을 멈추는 것이다.

테스트와 추적은 필수적이지만 안타깝게도 대부분의 기업은 이를 제대로 수행하는 방법이나 현실적으로 관리하는 방법을 이해하지 못한다.

캠페인에 과감히 많은 돈을 투자하려고 한다면 테스트는 특히 중요하다. 또한 투자에 따른 ROI가 긍정적인지 부정적인지를 파악할 수 있다. 그리고 재정적인 위험이 거의 없는 마케팅도 여전히 기업의 가장 소중한 자산인 시간을 과감히 쓰는 것이다.

그러나 테스트를 선호하는 몇몇 마케팅 전문가가 모든 것을 테스트해야 한다는 말을 들어왔다. 분명히 이건 불가능에 가깝다. 광고 카피 단어 하나로 실제로 차이가 생길 수 있지만, 모든 단어를 테스트할 것인가? 당연히 현실성이 없다.

기업에게 필요한 것은 판매에 가장 큰 영향을 미칠 가능성이 있는 광고 카피의 요소를 찾는 것이다.

예를 들어, 조 슈가맨(Joe Sugarman), 게리 벤시벤거(Gary Bencivenga), 게리 핼버트(Gary Halbert) 그리고 테드 니콜라스(Ted Nicholas)와 같은 전통적 다이렉트 마케팅 카피라이터 천재들은 다이렉트 메일 캠페인을 준비할 때 무엇보다도 먼저 헤드라인과 주문양식을 테스트해야 한다고 할 것이다. 왜?

그 사람들은 이러한 요소를 테스트하는 것이 마케팅에 가장 큰 영향을 미칠 수 있다는 것을 알았기 때문이다. 생각해보라. 사람들이 당신의 헤드라인을 보지 않는데, 세일즈레터(sales letter, 우편으로 전달하는 직접 광고(DM)의 일종)의 나머지 부분이 얼마나 훌륭한지 신경 쓰겠는가?

모든 마케팅 캠페인에는 결과에 영향을 미칠 가능성이 높은 요소들이 있다.

만약 기업이 능숙하고 시간이 있다면, 기술을 연마하고 여기저기서 이상한 것을 테스트하기 시작했을 것이다. 예를 들어 한 번은 온라인 주문에서 체크박스(항목 선택하는 네모 칸)를 적절히 이용하면 매출이 36% 증가한다는 걸 알았다. 훌륭한 내 친구인 게리 핼버트는 기업이 다이렉트 마케팅 자료를 보내는 도시가 판매에도 큰 영향을 미칠 수 있다는 점을 발견했다. 누가 그런 생각을 했을까!? 이것들은 이미 캠페인의 기본을 테스트한 노련한 마케터들이 실시한 테스트였다는 것을 기억하라.

비록 이런 발견들이 매우 유용하지만, 나는 초보자에게 재미 삼아 이상한 이론들을 테스트해보라고 권하지 않을 것이다. 이런 사고방식은 도움이 되지만 너무 테스트 과정에 몰두하면 분석에 의한 마비로 이어질 수 있기 때문에 매우 위험하다.

따라서 마케팅의 어떤 요소가 가장 큰 영향을 미칠지 확인하고 이를 테스트하고 나서 열정적으로 캠페인을 펼쳐라.

아주 적은 ROI라도 제공한다면, 비용 지출을 늘리기만 해도 더 많은 돈을 벌 수 있다. 그 점을 생각하라.

고객이 매장에 있는 동안 맥도날드는 미친 듯이 교차 판매 cross-sell와 상향 판매up-sell를 하고 ("감자튀김도 함께 드실래요?") 음식이 맛있고, 저렴하고, 매우 편리하고, 번개처럼 빠르며, (항상 고객이 원하는 음식을 먹어서) 매번 일관적이기 때문에 고객이 다시 찾아오게 만든다.

두 번째 잔 개념을 진정으로 이해하는 사람들은 장기적으로 큰 이익을 얻는다는 것을 이해하기에 새로운 고객 확보에 돈을 잃는 것을 두려워하지 않는다. 이것을 '로스 리더 전략(Loss Leader technique, 원가보다 싸게 팔거나 일반 판매가보다 훨씬 싼 가격으로 판매하는 상품, 특가상품, 미끼 상품)'이라고 한다. 새로운 고객 확보에 일시적으로 손실을 입게 되지만, 그 고객들이 계속해서 방문하면서 큰 수익을 얻을 수 있다는 것을 안다.

이 개념을 받아들이면 거절할 수 없는 제안을 마음껏 만들 수 있다. 초기 제안에서 손실을 감당할 수 있다면, 높은 ROI 제안과 강력한 시금석을 만드는 일이 훨씬 수월해진다.

사실 로스 리더 사용에 앞서면 신뢰성 구축이 더 쉬워진다.

비디오 프로페서(Video Professor, 다양한 컴퓨터 관련 주제 자습서를 개발한 미국 회사)의 컴퓨터 학습 CD를 홍보하는 훌륭한 마케팅 캠페인이 있다. 그 제안에는 TV 광고를 본 모든 사람들에게 제공되는 윈도우Widows 무료 학습 CD 프로그램이 포함된다. 고객은 이 제안을 믿는다. 그 회사가 "여러분이 결과에 매우 만족해서 컴퓨터 학습에 필요한 모든 것을 구하려고 우리를 다시 찾을 것이라는 걸 알기에 이것을 무료로 드립니다."라고 직설적으로 말하기 때문이다.

주의 사항

로스 리더 전략은 추가 영업으로 고객을 다시 불러올 수 있다고 정말 확신하는 경우에만 이용하라. 고객이 다시 찾을 거라는 확신도 없이 상품을 무료로 제공하고 손실을 처리할 때 쓰는 말이 있다. '무모함'이다. 많은 기업들이 나중에 상향 판매를 할 수 있다는 무모한 자신감에 로스 리더 캠페인을 시작했었다. 정말 무모한 행동이다.

완벽하다! 단 30초짜리 광고로 구매자의 의사결정에 신뢰성이 깊이 새겨진다.

사실, 난 당신에게 바로 사용할 수 있는 두 번째 제안이 있는지 확인하고 싶다. 두 번째 제안을 하기 가장 쉬운 시간은 첫 번째 영업을 완료한 직후다. 사고 싶은 생각이 든 고객이 다시 돌아와서 더 구매하지 않겠는가?

첫 번째 영업 후, 때로는 첫 영업이 성사되는 순간 언제든지 사용할 수 있는 몇 가지 훌륭한 전략들을 소개하겠다.

두 번째 잔 제공 전략

두 번째 잔 판매의 장점에 대해 입에 발린 말을 하기는 쉽지만, 대부분의 기업은 그렇게 하지 않으며, 이것이 실패하는 주요 원인 중 하나다. 약간의 상상력만 있으면 두 번째 잔을 판매하는 것만으로도 막대한 추가 수익을 얻을 수 있다. 방법은 다음과 같다.

상향 판매(Up-sell)

만약 소형 버전 제품을 판매 중이라면, 고객은 대형 버전에 관심을 보일 수 있다. 고객이 '라이트'를 구매한다면 대신 '디럭스'를 제안해 보는 건 어떨까? 만약 슈퍼 사이즈 버전의 제품 제안이 본 제품처럼 거절할 수 없는 것이라면, 10달러 판매를 100달러 판매로 바꾸는 건 그렇게 어렵지 않을 것이다.

이 방법을 남용하지 마라. 투자비용에 비해서 높은 ROI를 제공하지 않는 제품이나 서비스를 고객에게 상향 판매하면 고객은 영원히 떠나버린다. 기업의 신뢰를 되찾으려는 모든 노력이 허사가 된다.

교차 판매(Cross-sell)

말을 판다면, 고객들은 안장에도 관심이 있지 않을까? 만약 당신이 치과의사이고 치아 관리를 한다면, 같은 고객이 치아 미백에 관심이 있지 않겠는가?

이 접근 방식은 고객이 모욕적이라고 생각하지 않도록 확실히 주의해야 한다. "아, 내 치아가 흉하다고 생각하는 건가?" 지나치게 공격적이거나 모욕적인 상향 판매는 고객을 쫓아낸다. 능구렁이처럼 굴면 첫 영업은 성공할 수 있지만, 그 과정에서 너무 많은 고생을 하면 고객은 다시 오지 않을 것이다. 치과 내

원으로 겪는 육체적 고통에 정서적 고통을 더하는 치과의사는 분명 고객에게 깊은 인상을 남길 것이다!

가전제품 매장은 교차 판매에 능숙하다. 만약 고객이 큰돈을 들여 대형 TV를 구매한다면, 그 매장은 초기 투자 후에 완벽한 영상 구현을 위해 조금 더 돈을 들여 정품 케이블과 기타 액세서리 구입해야 한다고 고객을 쉽게 설득할 수 있다.

이러한 교차 판매 제안은 판매 이익을 크게 증가시킬 수 있다. 생각해 보라. 한 달에 1,000건 판매를 성사시키고 액세서리 및 추가 품목에 1달러의 이익을 더하면 연간 12,000달러의 추가 이익을 얻을 수 있다.

교차 판매로 고객이 더 나은 결과를 얻을 수 있도록 정당하게 도와준다면, 당신은 고객을 설득했다고 느끼지 않을 것이다. 도와줬다고 느낀다! 여기엔 엄청난 차이가 있다. 고객을 도우면서 더 많은 매출을 올릴 수 있을 뿐만 아니라 좋은 입소문이 나기도 한다(자세한 내용은 곧 설명하겠다).

후속 판매(Follow-up)

위에서 언급한 두 가지 방법은 판매 시점에 즉시 이용할 수 있다. 첫 번째 판매가 완전히 성사된 후에 교차 판매 및 상향 판매를 확실히 하자. 거래가 성사되기 전에 너무 많은 옵션을 제공하면 고객은 바로 혼란스러워할 수 있다. 개 앞에 뼈다귀 2개를 준 적이 있는가? 개는 어떻게 할까? 너무 혼란스러워서 두 개 다 물지 않는다. 선택권이 너무 많아서 어찌할 바를 모른다. 우리가 인정하든 말든, 사람들도 그만큼 쉽게 혼란스러워한다.

간단히 하라. 후속 판매는 그 이후에 언제든지 발생하는 판매다. 바로 다음 날일 수도 있고, 1년 후일 수도 있다.

몇 가지 아이디어는 이 챕터의 뒷부분에 나오는 '문을 계속 열어 두는 방법How to Keep the Door Open'을 참고하라.

연속성(Continuity)

일부 제품은 자연스럽게 두 번째 잔에 적합하다. 예를 들어, 월간 잡지 구독은 그 자체로 두 번째, 세 번째, 네 번째로 계속 이어진다.

연속성 제품은 고객에게 정기적으로 제공되는 제품이다. 기본적으로 반복 판매가 보장된다.

거티-렌커(Guthy-Renker, 정보 광고, 텔레비전 광고, DM, 텔레마케팅, 이메일 마케팅 및 인터넷을 통해 소비자에게 직접 건강 및 미용 제품을 판매하는 캘리포니아에 기반을 둔 직접 반응 마케팅 회사)라는 이름을 들어본 적 없을 수 있지만, 분명 그 회사의 인포머셜(Informercial, 해설 광고)은 본 적 있을 것이다. 그들은 세계 최고의 텔레비전 광고 마케팅 인포머셜 마케터 회사 중 한 곳이다. 그곳의 한 관계자는 연속성을 기반으로 하지 않는 신제품 판매는 더 이상 고려하지 않는다고 했다.

예를 들어, 거티-렌커는 매달 리필 할인을 제공하는 우수한 스킨케어 라인 제품을 판매한다. 이 제품은 매우 효과가 좋고, ROI가 높기 때문에('돈을 들인 만큼 피부가 아름다워진다'), 사람들은 매달 기꺼이 비용을 지불한다. 다소 공격적이지만 효과적이고 합리적인 가격의 제품을 제공한다면, 연속성은 가능하고 수익을 계속해서 올릴 수 있다.

매번 더 도와주면 더 많이 제품을 팔 수 있다. 고객이 계속 재구매하도록 하는 기업의 창의력을 자극하는 몇 가지 아이디어를 소개하겠다.

두 번째 잔 비결

　이제 개념적인 차원에서 두 번째 잔 제공 방법을 이해했을 것이다. 내가 당신이라면, 대부분의 시간을 개념적인 차원에서 생각해서, 다른 사람들이 하는 방법에서 벗어나 과감하고 전에 없던 마케팅 전략을 만들 것이다.

　하지만 다음 내용은 개념적 차원을 실제 상황에 맞춘 몇 가지 구체적인 비결이다. 이것으로 더 많은 가능성이 떠오르도록 생각을 자극해야 한다. 이 책을 읽으면서 떠오르는 아이디어를 적고, 이 책을 다 읽고 내려놓을 때는 그 아이디어를 실천하길 바란다.

교육

　고객이 제품 사용 방법을 알고 있나? 더 잘 사용하는 방법을 배우고 싶을까? 꽃 씨앗을 구입했다면 정원 가꾸기 수업에 관심이 있을까?

　카메라 매장들은 니콘과 캐논 신제품을 구입한 고객들 대상으로 사진 촬영 강의를 열어서 큰 수익을 얻었다. 이 점을 뒤집어 보면, 훌륭한 고객 확보 방법이 된다. 연락처 정보를 제공하는 사람들에게 사진 입문 강의를 무료로 열어주고, 강의가 끝난 후에는 그들을 대상으로 여러 가지 제품을 판매할 수 있다.

컨설팅과 서비스

대부분의 사람들은 실제로 제품을 구매하는 것이 아니라, 그 제품으로 얻고자 하는 결과를 구매하는 것이다. 기업은 고객이 원하는 결과를 얻는 데 도움이 되는 전문 컨설팅을 제공할 수 있다. 컴퓨터 판매자는 장비 패키지를 판매한 후 모든 것이 제대로 설정 및 작동되도록 상담 서비스를 제공한다.

패키지 상품

자연스럽게 관심을 끌 수 있는 여러 관련 제품들을 함께 묶는다면 어떻겠는가? 쉽게 돈을 벌 수 있다. 다양한 패키지 상품으로 판매량을 조금 더 늘릴 수 있다. 고객이 속았다고 느끼지 않도록 높은 ROI 제안인지 확인해라.

보험 및 보증

수입 부족으로 보험 회사가 망하는 것을 본 적이 있는가? 없다. 왜? 보험 회사에는 일 년 동안 발생할 수 있는 지불금을 계산할 수 있는 보험계리인(보험 회사의 보험 수리를 담당하는 사람)이 있고, 그 사람들이 적절한 보험료와 조건을 정하기 때문이다. 이렇게 수익을 통계적으로 확실하게 한다.

제품 보증 프로그램을 전문으로 하는 회사들이 있다. 한 곳을 찾아 거래를 시작하고, 새로운 수익원을 열어라.

> 통계의 신뢰성은 시장성 테스트 수행에도 중요한 요소다. 특정한 마케팅 캠페인이 강력하고 지속해서 ROI를 낼 수 있다는 것을 통계적으로 입증할 수 있다면, 돈을 찍어낼 수 있다고 장담한다.

논리적 추가

상상력을 발휘해보자. 고객의 입장에서 보자. 만약 고객이 조금 전에 당신의 제품을 구매했다면, 뭐가 더 필요할까? 피자를 팔고 있다면, 탄산음료를 원할지도 모른다. 테킬라를 판다면 라임과 소금이 필요하지 않을까? 카메라를 판다면, 고객은 줌 렌즈에 관심이 있을 수 있다. 양복을 팔면, 구매자 대부분은 완벽한 핏을 위해 약간의 수선을 원한다.

참고 사항: 이런 논리적 추가는 높은 ROI 제안의 일부가 될 수 있다. 사실, 고객의 투자 수익을 높이고 지속적인 재방문을 위해 이런 것들 중 하나를 무료로 제공하고 싶을 것이다. 판매 후 광고 없이 깜짝 보너스로 증정하면 분명 깊은 인상을 남길 수 있다. 구매하고 1주일 후에 아무런 조건 없이 사은품을 받는다고 상상해 보라. 깜짝 선물을 이용하면, 기업의 관대함에 감동받은 고객은 다시 매장을 방문하고, 매출은 더 늘어날 것이다.

소개

덤으로 줄 제품이 없을 수도 있다. 하지만 어쩌면 비즈니스 파트너도 그럴 것이다. 헤어숍이라면 샴푸 회사를 찾아서 거래를 시작하고 당신의 고객들에게 그 샴푸 회사 제품 일부를 팔아서 수익을 내라. 하지만 핵심 비즈니스를 잊어서는 안 된다. 소개 거래에 너무 빠져서 시금석의 명확성을 약화하지 마라. 비즈니스 아이덴티티를 기억해라.

문을 계속 열어 두는 방법

고객과 좋은 관계를 유지하는 건 당신의 몫이라는 것을 기억하라.

'연락 창구'를 기억하는가?

단, 영업 제안을 계속 받고 싶은 사람은 아무도 없다는 걸 명심하자. 계속해서 권유한다면 사람들은 결국 당신을 내쫓을 것이다. 하지만 고객이 계속 당신을 인식하도록 하는 방법들이 있다.

감사카드

"마크 씨, 일전에 고객님을 만나서 정말 반가웠습니다. 고객님의 사업에….."

고객들은 인정받는 것을 좋아한다. 거래에 대해 감사를 표하고 제품이나 서비스에 만족하는지 확인하라. 고객들에게 사무실에 들러야 할 이유를 만들어주면, 두 번째 잔을 판매할 기회가 생긴다.

또 다른 방법은 지인에 줄 수 있는 상품권을 주는 것이다.

생일축하카드

"생일을 진심으로 축하드립니다! 사무실을 방문해 주시면 무료 ___를 증정합니다."

이 카드를 보면 고객은 미소를 짓는다. 고객은 기업에 대해 긍정적으로 생각하고 사은품을 받을 수 있는 기회가 생긴다. 이때 제대로 된 사은품이어야 한다. 싸구려 선물은 고객에게 감동보다는 모욕감을 안기며, 당신이 그동안 쌓은 선의를 모두 무너트릴 것이다.

서비스 유효 기간 알림

"치아 검진 기간이네요. 6개월마다 치아 검진으로 아름답고 밝은 미소를 유지하세요."

의사, 자동차 정비사가 이런 접근 방식의 전문가다. 사람들은 (건강 또는 자동차를 위한 것이든) 예정된 정기 점검 알림에 반응한다.

어떤 사람들은 수리가 필요한 물건이 있는데도 알지 못한다. 예를 들어, 오래된 VCR은 재생 기능을 최고 상태로 유지하려면 때때로 헤드 부분을 조여 줘야 한다. 알림에 약간의 혜택이 포함되면 확실히 성공한다.

뉴스레터

이건 내가 가장 좋아하는 접근법 중 하나다. 우리는 정보화 사회에 살고 있다. 정기적으로 고객에게 소중한 정보를 알려 준 후에 뉴스레터 이용해 두 번째 잔에 대한 거절할 수 없는 제안을 할 수 있다.

모든 접근 방식과 마찬가지로 전달하는 내용이 진정으로 가치가 있다는 점을 분명히 하라. 이것이 메시지가 스팸 메일로 인식되는 것을 막는 주요한 차이점, 즉 가치와 유용성이다.

특별 행사

"10월 31일 사람들의 주목을 이끄는 코스튬을 입고 싶나요? 10월 15일에 열리는 무료 얼티밋 할로윈 코스튬 디자인 파티에 오세요."

"2월 1일에 무료 강의 '연인이 당신과 영원한 사랑에 빠질 밸런타인데이 선물'이 열립니다. 당신의 연인이 며칠 동안 행복을 느낄 수 있도록 이번 밸런타인데이에 꼭 해야 할 세 가지를 알려드려요."

얼마 전 난 근처 주유소에서 공짜 커피와 도넛, 그리고 간편한 소형 타이어 공기압 측정기를 증정하는 그랜드 오픈 기념 엽서를 받았다. 사실 최근에 문을 연 곳을 아니었고, 리모델링만 조금 했을 뿐이었다. 하지만 특별 행사는 고객을 끌어서 추가 매출을 올리고 관계를 형성하는 훌륭한 구실이 된다.

난 가지 않았지만, 만약 그 주유소가 현명했다면, 깜짝 선물, 약간의 경험, 그곳을 기억하게 하는 몇 가지 방법(예를 들어 공기압 측정기에는 연락처를 인쇄한다), 그리고 미래 서비스에 대한 할인 쿠폰을 포함했을 것이다.

다시 말하지만, 창의력을 발휘해라. 고객에게 계속해서 영업 홍보를 하면, 고객은 지쳐서 냉담한 잠재 고객이 될 것이다.

앞에서 언급한 방법의 하나를 이용해 고객의 관심을 다시 사로잡을 때는 이러한 접근 방식 자체가 높은 ROI 제안으로 보여야 한다. 만약 고객이 얄팍한 영업 술수라는 걸 눈치챘다면, 역효과가 일어난다.

당신의 창의성과 결단력에 따라 고객은 두 번째 잔을 다시 찾고, 당신은 아주 오래 비즈니스를 운영할 수 있을 것이다.

창의력을 발휘해라.

고객에게 계속해서

영업 홍보를 하면, 고객은 지쳐서

냉담한 잠재 고객이 될 것이다.

CHAPTER 8

제안을
강화하는 방법

우수한 제품을
지금 당장
갖고 싶은 상품으로
바꾸는 방법

제안 강화 방법은 제안의 효과를 극단적으로 높이는 방법이다. 위대한 시금석 다수에 제안 강화 방법이 있다는 걸 알게 될 것이다. 그럴듯한 방식으로 이용하면 (중고차 판매원처럼 팽개치지 마라.) 그 효과가 뚜렷하게 보인다.

너무 앞서가지 말라는 점을 다시 한번 기억하라. 거절할 수 없는 제안을 구상할 때는 먼저 높은 ROI 제안부터 시작한 후 다음 단계를 거쳐 제안을 강화하라.

이 방법을 거절할 수 없는 제안에만 국한하지 말고 다양한 마케팅 캠페인에 적용할 수 있다.

긴박감

"48시간 동안만 신규 고객을 대상으로 드립니다."

유효 기간이 있는 제안에 고객은 조급해진다. 만약 잠재 고객이 자신이 머뭇거리는 사이에 그 제안을 못 받을까 봐 걱정한다면, 당신은 고객이 구매를 오래 미루는 자연스러운 경향을 성공적으로 없앨 수 있다.

TV 홈쇼핑 화면 하단의 디지털시계가 왜 초 단위로 흐르겠는가? 구매자가 지금 구매하지 않으면 일생에 한 번뿐인 제안이 사라질 것을 완전히 인식하기 바라기 때문이다.

이런 긴박함은 진짜일 수 있다. 아마도 오랫동안 다시 구할 수 없는 무언가를 기업이 제안하는 것이다. 이런 경우, 고객에게 이 점을 알리지 않았다면 기업은 너무나도 태평한 것이다.

혹은 마케팅 면에서 긴박감을 꾸며낼 수 있다. 이 책에서 윤리적인 면은 다루지 않을 것이다. 의도된 긴박감이라도 고객에게 솔직하게 다가가는 방법으로 효율성을 높일 수 있다는 점을 기억하라. 예를 들어, "지금부터 48시간 후에는 이 제안을 하지 않을 것이다. 못 하는 것이 아니라 결단력 있는 사람들과 거래하고 싶기 때문이다."라고 말할 수 있다.

약속을 지키지 않으면 신용을 잃게 되고, 다음에 해당 방법을 쓰면 고객은 진지하게 받아들이지 않을 것이다. ('양치기 소년'을 떠올려라.)

마케팅의 대가 조 슈가맨은 내 세미나에서 이에 대한 훌륭한 예를 한 가지 들었다. 그는 매우 의도적으로 꾸며낸 긴박감 메커니즘을 이용했고, 시간이 다 돼서야 세미나 참석자가 그 제안을 받아들이려고 하자, 그는 험한 말을 했다. 물론 유머러스하게 말했다. 하지만 요점은 전해졌다. 그리고 우리 모두 효과적인 영업 방법으로 긴박감을 이용하는 가치를 배웠다. 또한, 다음번에 조가 "앞으로 2분 후에"라고 말하면 농담이 아니며 우리 모두 그의 제안에 훨씬 더 빨리 반응할 것이라는 점을 배웠다.

부가가치

예상치 못한 부가 가치를 제공하면 고객의 거부감이 점차 줄어든다. 이건 마무리 과정의 일부로 포함하는 것이 가장 좋다. 더 좋은 거래로 보이게끔 추가할 수 있는 보너스에 대해 생각해 보라. 진짜로 가치 있는 걸 주자. 팔 수 없는 물건은 절대 주지 말라는 사은품의 황금률을 기억하라.

위험 반전(RISK REVERSAL)

이것은 하나의 좋은 생각 그 이상이다. 절대적으로 필요한 것이다. 영업을 방해하는 가장 큰 장애물은 구매자가 느끼는 위험에 대한 두려움이다. 그 위험을 제거한다면, 기업은 구매자가 유리한 결정을 내릴 수 있도록 길을 터준 것이다.

예를 들어 도미노는 사전에 모든 위험을 제거했다. 피자가 늦게 도착하면, 고객은 피자 값을 내지 않아도 된다.

최소한 모든 제안을 환불 보장으로 항상 대비해야 한다. 나는 고객들이 환불 보장제를 이용할까 봐 우려해서 이렇게 하지 않는 사업자 숫자에 늘 놀란다. 만약 환불 보증제를 마련해 놓지 않은 당신이 다음 사실들을 알게 되면, 바로 시작할 것이다.

- 대부분의 사람들은 아주 불만족스럽더라도 환불해달라고 하지 않는다. (이 사실을 처음 가르쳐준 조 비탈에게 감사하다.)
- 기업의 환불은 위험 반전으로 인한 매출 증가보다 훨씬 더 중요하다.
- 미국은 고객 불만족 시 30일 이내에 환불해 줘야 한다고 규정돼 있다. 다른 많은 나라도 비슷하다.
- 만약 '거절할 수 없는 제안'을 했다면, 제품에 아주 만족할 것이기에 당연히 아주 소수의 사람만이 환불을 요구할 것이다.

위험 반전으로 창의력을 발휘하라. 고객의 두려움을 없앨 수 있다면, 꾸준히 거래 관계를 이어갈 수 있을 것이다.

다시 개념적 내용에서 실제 적용으로 넘어가 보자. 위험 반전의 구체적인 전술은 다음과 같은 것들이 있다. 이런 구체적인 전술 중 어떤 것이든 모델링할 수 있지만, 전술에 관한 생각에만 얽매이지 않도록 주의하라.

환불 보장

"100% 만족하지 못하셨다면, 반품해 주세요. 바로 전액 환불해 드리겠습니다."

이것은 가장 확실하고 흔한 형태의 위험 반전이다. 가장 주효하기에 일반적이다. 하지만 내가 '일반적'이라고 하는 건, '위험 반전 전술 중 일반적'이라는 의미다. 사실, 대부분의 기업은 고객이 돌아와서 돈을 뜯어낼까 봐 이 제도를 광고하지 않는다. 이제 그러지 않는다는 걸 알았으니, 아직도 구석기 시대의 생각을 하는 경쟁기업을 쉽게 넘어설 수 있을 것이다.

결제 방식

"지금 단 20달러만 내면, 오늘 집에 가져갈 수 있습니다."

　지금 소액만 내면 되는 경우, 고객은 총 위험total risk이 더 낮다고 여기는 경향이 있다. 대부분의 사람들은 그렇게 첫 결제 다음에 대해서는 그리 깊이 생각지 않는다. 실제로는 몇 년 동안 한 달에 19달러씩 결제하더라도, "지금은 19달러밖에 안 돼."라고 생각한다.

　제품에 대해 자신이 있다면, 대범한 환불 정책과 묶어서 훨씬 더 매력적인 위험 반전을 꾀할 수 있다.

로스 리더(특가품, 미끼 상품)

"첫 번째는 무료입니다."

마약상들이 무료 샘플을 나눠주는 이유다.

로스 리더는 나중에 더 많은 이익 창출을 기대하며 고객에게 첫 제품을 할인된 가격으로 제공해 실제로는 손해를 보는 것이다. 로스 리더가 무료이거나 무시할 정도로 가격이 낮다면, 소비자에게 위험이 매우 적기 때문에 초반 반응이 더 높은 경향이 있다.

이 전술은 아마추어나 자금난을 겪는 회사에는 추천하지 않는다. 이 방법으로는 수익을 내기도 전에 모든 양상을 해결하는 데 시간이 걸릴 수 있기 때문이다. 하지만 경험이 많고 위험을 감수하는 마케터들에게는 가장 강력한 무기 중 하나다.

마약상들은 아주 똑똑한 마케터는 아니지만, 자신들의 제품이 중독성이 너무 강해서 처음에는 공짜로 줘서 손해를 입지만 고객들이 중독돼서 계속 올 것이라는 걸 안다.

고객에게 이익이 되기 때문에 다시 찾아주기를 바라보자.

보증

"향후 5년 동안 문제 발생 시 무료로 방문 수리해 드립니다. 24시간 서비스를 보장합니다."

만약 고객이 제품 고장에 대해 심히 걱정한다면, 보증은 위험 전환에 적당하다. 고장이 났을 경우 전화만 하면 기업이 수리 기사를 보낸다는 걸 안다면, 고객이 걱정할 것이 거의 없다.

성과급

"지금은 내지 않아도 됩니다. 광고 카피로 수익이 늘어나면, 수익 증가분의 10%만 내세요."

현명한 마케팅 컨설턴트는 자신의 능력에 대한 높은 자신감 때문에 성과급제를 이용한다. 고객에게는 완벽한 위험 반전이다. 마케터가 내 수익을 증가시킬 수 있다면, 확실히 그 사람에게 10%를 줄 가치가 있다. 그렇지 못한다면, 동전 한 닢도 주지 않는 것이다.

기업이 제품의 효과에 대해 매우 자신하고 있다면 이는 훌륭한 전술이다.

무료 지원

무료 지원은 소프트웨어 기업에 훌륭한 전술이다. 고객들은 자주 제품을 구매하면서도 사용 방법을 모른다. 기업들은 냉정한 태도로 고객에게 지원 비용을 지불하라고 요구한다.

내가 현직에 있을 때 소프트웨어를 꽤 판매했기 때문에, 무료 지원 제공이 항상 실행 가능한 수익 모델이 아니라는 점을 잘 안다. 고객들에게 일시불 결제를 받고 수년간 필요할 때마다 찾아가는 건 어렵다. 어떻게 비용을 지불할 것인가?

제품이 너무 잘 만들어져서 지원이 거의 필요하지 않으면, 이런 위험을 감수할 수 있다.

나는 몇 년 전에 대폭 할인된 가격으로 소프트웨어 소스 코드 패키지를 판매했다. 코드 개발 비용은 100만 달러가 넘었지만, 2천 명에게 코드당 1,000달러에 판매했다. 고객들에게는 훌륭한 제안이지만, 무료로 그렇게 방대한 양의 코드를 지원하는 건 이해되지 않을 것이다.

내가 했던 건 자급자족하는 사용자 커뮤니티와 그들을 합리적인 비용으로 지원할 수 있는 컨설턴트들의 목록을 만드는 것이었다. 커뮤니티는 많은 구매자의 위험을 반전시켰고 구매 결정에 큰 영향을 미쳤다.

사용 후 구매하기(Try Before You Buy)

"제품을 30일 동안 사용 후 구매하세요."

카피라이터의 전설 게리 핼버트는 이것이 자신이 사용한 가장 강력한 전술이라고 했다.

그는 고객들에게 우편으로 수표를 보내달라고 부탁하고 그들이 만족할 때까지 30일 동안 수표를 현금으로 바꾸지 않겠다고 했다. 분명한 사실은 대부분의 사람들은 수표를 보냈다는 것도 잊어버리기 때문에, 그 위험은 생각보다 훨씬 낮다는 것이다.

깊은 고심을 위한 먹이

"돈을 세 배로 돌려받으세요!"

미친 소리처럼 들릴 수 있지만 99% 작동하는 제품이 있다면 어떨까? 고객에게 3배의 환불 보장을 제안하면 1%의 고객에게만 해당하고, 1% 중 극히 일부 고객만이 그 제안을 받아들일 것이다. 3배 환불 제안을 매출 증가와 비교해 보라. 작동이 되지 않으면, 기사가 직접 방문해서 설정해줄 것이다.

이 전술이 제대로 먹히는지 테스트해야 하지만 (설정하기가 매우 어려운 경우가 아니라면) 이걸 이용하는 사람이 거의 없다는 것을 알게 될 것이다. 이 전술은 일반적으로 설치가 어렵지만, 따라 하기 아주 쉬운 설치 안내서 또는 과정을 포함한 제품에 적합하다.

"30분 내로 따뜻하고 신선한 음식을 배달하지 못하면 무료입니다."

이해되는가? 앞의 두 가지 예는 시금석으로서 가치가 없을 수 있지만, 홍보의 강도를 확실히 높일 수 있다.

희소성

사람들은 극소수의 사람만이 가질 수 있는 것을 사는 걸 좋아한다. 인간의 본성이고, 기업은 그 점을 이용할 수 있다.

사람들은 또한 손해를 매우 두려워한다. 잠재 고객이 지금 행동을 취하지 않으면 손해를 볼 것이라고 생각한다면, 그 두려움은 수동적인 잠재 고객이 바로 행동을 취하도록 자극할 수 있다.

시간이 되면 미술품 경매장에 가보라. 경매인은 특정 예술품이 한정판이면 늘 강조한다. 구매자는 석판화가 무한정 있는 것보다 100개 중 하나일 때 수표책을 꺼낸다. 물론 그 작품이 유일한 원작이라면, 희소성으로 인한 가치는 수백만 배 늘어날 수 있다.

만약 기업의 제안이 한정되어 있다면, 고객들은 나중에 후회하지 않도록 그 제안을 받아들이는 게 낫다고 생각한다.

물론 이 전술은 모든 제품에서 효과가 있는 건 아니다. 도미노 피자가 페퍼로니 피자를 한정 판매한다면 당연히 터무니없을 것이다. 하지만 보석거래상, 미술상과 사진작가들은 항상 대단한 효과를 얻는다.

아이러니하게도 패스트푸드 업계에서도 때때로 이 전술을 이용해 큰 효과를 얻는다. 맥립에 대해 들어본 적 있는가? 맥도날드가 몇 주 동안만 판매하는 제품이다. 재판매를 하면, 맥도날드는 맥립이 한정 기간에만 돌아왔다고 대대적으로 홍보한다. 누가 관심을 두냐고? 많은 사람이 실제로 관심을 보인다. 샌드위치도 열광적인 팬들이 있고, 사람들은 관련 사이트에 시간을 바친다.

용이성

당신과 거래하는 것이 어렵다면 누가 당신의 고객이 되고 싶겠는가?

상품 주문은 아주 간단해야 한다. 복잡하게 생각할 필요 없고, 주문을 정확하게 하는 방법에 대해 신중하게 생각할 필요가 없어야 한다.

판매 질문에 답을 할 때 어떠한 거부, 지연 또는 회피가 있어서는 안 된다.

고객은 "와, 정말 대박 상품이네요! 어떻게 주문하죠?"라고 절대 말하지 않는다.

나의 초창기 마케팅 멘토 중 한 명인 조 비탈은 타코마 치프 Tacoma Chief라는 기타 광고를 보고 그 자리에서 사고 싶었다는 이야기를 들려줬다. 광고를 살펴봤지만, 그 회사에 연락할 방법이 없었다. 인터넷 사이트도 없고 전화번호도 주소도 없었다. 아무것도 없었다.

그 회사는 지역 기타 매장을 찾는 고객들에게 의존한다는 걸 알고 전화번호를 찾아서 이리저리 전화했다. 오직 한 매장만이 그 기타에 대해 들어본 적이 있었고 회사를 찾는 방법을 모른다고 했다.

조는 여전히 타코마 치프가 없다.

만약 그 회사가 전화번호만이라도 광고에 포함했다면, 그는 바로 구매했을 것이다.

판매 과정에 불필요한 단계나 혼란을 가중시키는 것은 영업에 부정적인 영향을 미친다. 이 회사는 판매 프로세스 초기에 고객에게 높은 진입 장벽을 넘으라고 했다.

팁

자신의 판매 프로세스를 살펴보고 스스로에게 솔직하게 물어보자. 내가 소비자라면 어떻게 느낄까? 대단히 쉬운가? 어떻게 더 쉽게 만들 수 있을까? 같은 일을 할 사람들을 고용해 고객들의 의견을 들어보자. 얼마나 쉽고 쾌적한지 상세히 물어보라.

눈치 빠른 자동차 영업사원은 당신과 이야기하는 동안 매출 전표를 작성할 것이다. 이렇게 해서 영업에 한 걸음 더 다가갈 수 있다.

가격 책정 요령

가격 책정 및 구매에 대한 고객 의사결정과 관련된 흥미로운 심리전이 있다. 일부 내용은 매우 이상하고 직관에 어긋나는 것처럼 보일 수 있지만, 경험을 통해 이러한 전술은 매우 강력하다고 말할 수 있다. 직관적으로 기업은 가격으로 매출을 늘리려면 가격을 낮추기만 하면 된다고 생각할 것이다. 사실 이런 방법이 늘 효과가 있는 건 아니고, 가격을 낮춰도 매출이 감소할 수 있다. 계속 읽어보자.

7과 9의 법칙(The Law of 7s and 9s)

가격 인하로 늘 매출이 늘어나는 건 아니지만, 때에 따라 가격 마지막 자리를 7이나 9로 하면 매출 증가가 가능하다. 올바른 숫자의 조합을 찾는 것은 비즈니스에 큰 영향을 미칠 수 있다. 다운로드 가능한 소프트웨어 제품을 다음 가격으로 비교한 테스트를 시행한 적이 있었다.

$97

$99

$95

97달러가 99달러보다 2배 더 많이 팔렸다. 2달러 더 저렴하니 놀랄 일도 아니다. 하지만 97달러는 95달러보다 5배 더 많이 팔렸다. 그렇다, 높은 가격이 낮은 가격보다 5배 더 인기가 좋았다. 2달러를 더하기만 했는데 매출은 5배로 늘어났다.

'7과 9의 법칙'은 대부분의 다이렉트 마케터들에게 상당히 인정받았지만, 기업은 직접 테스트를 해 봐야 한다. 가격 면에서 어떤 숫자의 조합이 가장 큰 매출을 올릴 수 있는지 파악하라.

인지 가치(Perceived Value)에 대한 가격 인상

제품 가격을 (7로 끝나든 9로 끝나든) 크게 올리면, 매출이 증가할 수 있다.

로버트 시알디니(Robert Cialdini)는 자신의 책 『영향력』에서 귀금속 매장 주인이 점원에게 모든 제품의 가격을 반으로 깎으라고 지시한 사례를 인용한다. 매출이 형편없었고, 그는 빨리 재고를 처분하고 싶었다. 점원은 메모 내용을 잘못 이해했고 가격을 두 배로 올릴 것을 지시한다고 생각했다. 그래서 두 배로 올렸다. 결론적으로 제품 전체가 매진됐다.

여기서 알 수 있는 건 가격이 더 높으면 인지 가치가 더 높게 창출된다는 것이다.

대조(Contrast)

고전적인 다이렉트 마케팅 수법은 더 높은 가격의 제품 또는 제품의 '실제 가치'와 비교해 제품의 가격을 더 낮게 보이게 하는 것이다.

이건 다양하게 응용할 수 있는 매우 강력한 전술이다.

자동차 판매원과 부동산 중개인은 고객에게 더 높은 가격의 모델들을 먼저 보여주는 경향이 있다. 왜일까? 똑똑한 영업사원들은 고객들이 고가의 모델을 먼저 봤을 때, 고객 뜻대로 하게 내버려둘 때보다 고가 모델을 구입할 가능성이 더 높다는 걸 안다.

20만 달러짜리 벤틀리와 페라리를 보면 6만 달러 포르쉐는 더 이상 비싸 보이지 않는 것과 같다.

다이렉트 마케터들이 이 기법을 통달했다. 잘 쓴 세일즈 레터는 때때로 고객이 구매하려는 물건이나 서비스의 가치를 설명해준다. 그 사람들은 고객의 마음을 이용해 가격이 수천에 달할 수 있다고 예상하게끔 한다.

광고 문구를 읽고 나서, 책과 테이프가 한가득 든 상자에 397달러 가격표가 붙어있는 걸 보고 고객은 할인을 받는다고 생각한다. 비교와 대조가 없다면, 가격이 훨씬 더 비싸게 인식될 것이다.

그 방법은 인포머셜에서 많이 이용된다. '지금 얼마를 낼 건가요?'라는 문구를 몇 번이나 들어봤는가? 인포머셜은 혜택이 쌓이고 패키지의 가치가 광고를 보는 동안 어떻게 점점 더 높아지는지 보여줄 것이다.

단돈 19.97달러에 159달러 치의 제품을 받게 된다면, 정말 놓치기 어려운 제안이다.

우리 중 교육을 잘 받은 사람들은 이런 전술에 대해 웃으며 농담을 하곤 하지만, 아무도 안 볼 때 몰래 이런 제품들을 구매하는 것도 우리들이다.

할인, 리베이트 그리고 쿠폰

이런 전술들은 사실 대조 전술의 추가적인 방법이다.

제품 정가가 100달러라면 20달러 할인받을 때 운이 좋다고 생각한다. 가격은 계속 80달러지만, 20달러 할인을 받아서 잘 샀다고 여긴다.

이 전술을 이용하는 방법들은 많다. 이런 전술을 어떻게 효과적으로 이용하는지 알기 위해 신문을 훑어보는 습관을 길러라. 소매점을 지나갈 때 주의를 기울여라. 신문이나 잡지를 내려놓거나 큰 매장을 나설 때, 새로운 마케팅 아이디어가 떠오르지 않는다면 관심을 기울이지 않은 것이다.

고유함: 실제와 인식

고객이 당신한테서만 원하는 제품을 구할 수 있다고 생각한다면, 거래가 이뤄진다. 고객은 그 제품을 원하고, 당신이 그걸 가진 유일한 사람이다.

만약 당신이 수명을 200년 연장하고 싶고 그 방법을 제공하는 회사가 세상에 단 한 곳뿐이라면, 당신은 그 회사에서 구매하겠는가? 나는 사람들이 우리의 비즈니스뿐만 아니라 우리의 생명을 구하는 것이라고 해도 과언이 아니라고 생각한다.

이것이 로서 리브스가 말하는 고유의 판매 제안 핵심이다. 그것은 매우 강력하다. 고객이 원하는 것을 얻을 수 있는 유일한 공급처라고 믿게 만들어라.

실제로 고유한지는 중요하지 않다. 중요한 건 고유한 것으로 인식되는 것이다.

많은 기업들이 모든 사람이 기업들의 경쟁에 대해 알고 있다고 가정하는 실수를 한다. 사실은 그렇지 않다. 고객들은 기업에 대해 주의 깊게 알아보지 않는다. 경쟁기업이 광고 중이더라도 경쟁사와 차별화되는 훌륭한 시금석을 중심으로 광고한다면 그들과 구분될 수 있다. 그렇게 하면 고객은 당신의 접근 방식을 알아차릴 가능성이 훨씬 더 높아지고 경쟁사는 여전히 눈에 띄지 않을 것이다. 그 시점에서 당신은 고유함을 확고히 했다.

가장 크게 소리쳐라. 최고가 되라. 가장 매력적인 시금석을 가져라. 그렇게 당신이 유일무이하다고 알려라.

또 다른 방법이 있다. 당신이 판매하고 있는 제품이 특이하지 않을 수 있지만, 거절할 수 없는 제안으로 그렇게 될 수 있다.

도미노가 유일한 피자 업체는 아니지만, '30분 배달 보증제'

는 유일하게 선보였다. 특별한 음식은 아니지만, 그들의 기발
함이 대단한 것으로 바꼈다.

브랜드 가치와 포지셔닝

알 리스(Al Ries, 미국 마케팅 전문가)와 잭 트라우트(Jack Trout, 포
지셔닝 이론 창안자 중 한 명)가 이 주제에 관해 쓴 훌륭한 책을 많
이 읽어보길 진심으로 바란다.

가장 중요한 것은 다음과 같다. 만약 기업의 제품이 업계 최
고의 제품으로 인식된다면, 마케팅 노력의 효과는 기하급수적
으로 증가한다는 것이다. 그것이 브랜드의 힘이다.

개인적으로 살바토레 페라가모Salvatore Ferragamo 옷을 보면,
더 좋게 보인다. 프라다(개인적으로 선호하지 않는 브랜드)가 보기
에 더 아름다운 옷을 내놔도, 난 페라가모를 선택할 가능성이
더 높다. 내가 두 브랜드를 인식하는 방식 때문이다.

거절할 수 없는 제안은 브랜드의 가치를 더욱 높일 것이다.
브랜드 평가에 많은 요소가 있지만(월마트가 가장 좋은 거래를 제
안하고, 맥도날드는 가장 빠르다), 가장 강력한 요인은 브랜드 포지

선이다.

포지션은 기업이 (최고, 가장 빠른, 가장 저렴한 등) 어떤 품질을 지닌 것과 아무 상관이 없다. 제품을 찾을 때 가장 먼저 생각나는 기업이 무엇인지와 관련 있다.

포지셔닝에 있어 가장 중요한 건 시장에서 첫 번째가 되는 것이다. 블라인드 맛 테스트에서 소비자들은 코카콜라보다는 펩시를 대부분 선택한다는 걸 알고 있는가? 그런데도 코카콜라가 가장 먼저 시장에 진출했기 때문에 여전히 소프트음료 1위를 유지하고 있다. 청바지 스타일은 날씨보다 더 자주 바뀌었지만, 리바이스가 첫 브랜드였기 때문에 여전히 최고의 자리를 지키고 있다.

이 현상은 '초두(primacy, 처음 입력된 정보가 나중에 습득하는 정보보다 더 강한 영향력을 발휘하는 것)'라고 알려진 심리 현상 때문이다. 목록을 외우라고 한다면, 사람들은 목록의 첫 번째 항목을 가운데 항목보다 10배 더 많이 기억한다.

'최신recency'은 이 방정식의 반대다. 목록의 마지막 항목을 중간 항목보다 기억할 가능성이 훨씬 크다.

이것이 코카콜라가 계속 끊임없이 광고하는 이유다. 소비자 마음속에 최고로 자리 잡고 있지만, 그 자리를 계속 유지하기 위해서 최신 현상을 이용해야만 한다.

시장에 처음 진출하지 않았더라도 공격적인 광고로 그렇게 보이게 할 수 있다.

난 여러 기업이 하나의 카테고리를 만들었던 브랜드를 모방하는 걸 봤다. 개척자를 말살시켰다. 어떻게? 더 분명하고 더 빠르게 시장에 진출했고 소비자 인식을 장악했다. 소비자는 개척자의 존재조차도 모르며, 마케팅을 더 잘한 모방품이 앞질렀다.

사람을 잡아먹는 회색곰에게 쫓기는 도보 여행객 두 명에 대한 오래된 농담 같다. 여행객 한 명이 다른 한 명에게 "너 빨라?"라고 물었고, 친구는 "안 빨라도 돼. 너보다 더 빠르면 돼." 라고 답했다.

바로 그것이 비결이다. 시장에서 1위일 필요는 없다. 하지만 고객이 가장 먼저 인정하는 기업이 되어야 한다.

추천

이건 모든 제안 강화 방법 중 가장 강력하다.

생각해 보라. 만약 당신이 잘 알고 존경하는 누군가가 어떤 제품을 추천한다면, 낯선 사람에게서 같은 추천을 받았을 때보다 그 제품을 살펴볼 가능성이 훨씬 더 크다. 이런 입소문 마케팅은 효과가 커서 형편없는 광고들을 거의 걸러낸다.

난 속으로 이미 그 제품이 별로라고 생각했는데도 친구들이 추천해서 물건을 구매한 적이 있었다. 높은 ROI 제안이 있으면 자연스럽게 입소문이 나기 마련이다.

아니다, 바꿔서 말하겠다.

높은 ROI 제안은 입소문 광고의 전제 조건이다. 사실이다. 사람들은 친구들에게 형편없는 걸 추천하지 않는다.

매우 강력한 제안 강화 방법이기에 운에 맡겨서는 안 된다. 속도를 높여야 한다. 입소문으로 마케팅 메시지를 확산시키고 순식간에 퍼지는 걸 지켜봐라. 다양한 접근 방법을 시도해 볼 필요가 있지만, 마케팅 계획의 핵심으로 이 방법을 추천한다.

하지만 인센티브는 어떤 형태로든 될 수 있다는 걸 기억하라. 꼭 현금일 필요는 없다. 할인, 무료서비스나 다른 혜택일 수도 있다. 이 점을 활용해서 적합한 조합을 찾아라.

그리고 양을 늘려서 매출이 폭발적으로 늘어나는 걸 지켜보라.

이 부분은 나중에 더 자세히 설명하겠다.

거절할 수 없는 제안은

매우 효과적이므로

비즈니스의 중심이 되어야 한다는 것이다.

다른 마케팅 활동을 펼치기 전

거절할 수 없는 제안이

출발점이 되어야 한다

CHAPTER 9

제안 연속체

당신의 거절할 수 없는 제안이 좋은 것이라는 걸 어떻게 알 수 있나? 얼마나 효과가 있을지 예측할 수 있는가?

테스트를 해 보지 않고는 이런 질문에 답하는 건 불가능하다. 하지만 경험으로 일부 추측할 수 있다. 사실, 현명한 기점이 없다면, 테스트는 완전히 시간 낭비일 것이다.

난 마케팅이 기술, 과학, 마술의 일부라고 생각한다.

잘 구성된 마케팅 테스트로 효과가 있는 것과 없는 것에 대해 상당히 신뢰할 수 있는 예측을 할 수 있다. 그것이 마케팅의 과학이다. 이러한 예측은 (변수를 적절하게 분리했다고 가정하고) 간단한 스플릿 런(split run, 동일 제품에 대해 몇 가지 서로 다른 광고를 사용하는 일)을 실시하고 통계적으로 유의미한 관찰을 할 수 있을 만큼 충분한 데이터를 수집했을 때 가장 신뢰할 수 있다.

효과적인 캠페인을 구상, 실행하는 것이 마케팅의 기술이다. 캠페인이 그야말로 효과적이지 않다면 모든 과학적 지식과 엄격한 테스트는 전혀 쓸모가 없다. 형편없는 캠페인 A가 형편없는 캠페인 B보다 낫다는 것을 통계적으로 확실히 입증한다고 해도, 여전히 둘 다 형편없는 캠페인이다.

마케팅의 마술은 결과에 영향을 미치는 기업의 열정, 믿음 그리고 자신감과 관련이 있다. 기업의 기대는 사실 마케팅과 비즈니스에 상당한 영향을 미칠 것이라고 확실하게 말할 수 있다. 좋은 결과를 기대하면 좋은 결과를 얻을 가능성이 크다. 파멸과 암울함을 예상한다면, 어쩌면 예상대로 될 것이다. 간교한 말장난처럼 들릴지 모르지만, 과학의 세계에서 이에 대한 증거가 있다. 우리는 실험자의 기대가 실제로 실험 결과에 영향을 미칠 수 있다는 것을 안다(과학자들이 이중 블라인드 실험을 선호하는 이유 중 하나다).

현존하는 가장 위대한 과학자 중 한 명인 루퍼트 셸드레이크Rupert Sheldrake는 생각과 정보가 현대 물리학으로는 아직 설명할 수 없는 방식으로 전달되는 전달 매체의 이름을 형태발생령morphogenic field이라고 명명했다. 그는 생각이 실제로 물리적 세계, 특히 생명체에 영향을 미친다는 생각을 뒷받침하는 방대한 양의 데이터를 모았다.

같은 맥락으로, 다음 방법들로 기업의 기술을 향상할 수 있을 것이다. 즉, 제안을 평가하고 사전 테스트를 통해 얼마나 효과적일지 예측할 수 있다.

(마케팅의 과학은 평생 연구해야 하고, 마케팅의 마술은 의식적으로 매일 적용해야 한다.)

거부할 수 없는 제안을 구상할 때 이러한 방법을 쓰면 심오

하고 광범위한 영향을 미칠 수 있다.

제안 연속체 사용 방법

다음은 어떤 제안에 대해 자문할 수 있는 일련의 질문이다. 이것은 경쟁이나 점수 체계가 아니다. 여기서 생각은 가능한 가장 높은 점수를 얻는 것이 아니라 관찰과 통찰력을 끌어내는 것이다.

이 방법을 이용해서 제안을 있는 그대로 평가하라. 강점과 약점을 파악한 다음 한 발 뒤로 물러나 전체적인 그림을 보라. 이러한 요소 중 어떤 것도 외부와 단절된 상태로 존재하지 않는다.

예를 들어, 일부 영역에서 매우 좋은 점수를 받았지만, 가격이 상당히 비싸다면, 이는 전혀 문제가 되지 않을 수 있다. 즉, 더 비싼 가격이 실제로 도움이 될 수 있다. 하지만 가격이 비싸지만 다른 영역에서 그 가격을 수긍할 만큼 강점이 없다면, 제안을 재평가해야 할 수도 있다.

또한 이런 훈련은 시금석의 특징을 결정하는 데에도 도움이 될 것이다. 예를 들어, '욕구가 얼마나 명백한가?'를 10점 만점에 '10'을 매겼다면, 시금석이 (그중에서도 특히) 당신이 할 일을 분명히 알려줄 것이다. 욕구가 그렇게 확실하지 않다면 직접적이지 않은 뭔가를 이끌어야 할 수도 있다. 시금석은 제품이 해결하는 근본적인 문제를 다뤄야 할 수도 있다.

이러한 각각의 질문은 매우 유용하고 비슷한 통찰력으로 이어질 것이다.

어떻게 작용하는지 알겠는가?

좋다! 시작해보자.

욕구가 얼마나 명백한가?

1(아주 모호하다) ⟵―――――⟶ 10 (아주 명백하다)

이 점에 있어서, 페더럴 익스프레스 같은 회사는 축복받은 회사다.   그 욕구는 명백하다. 하루 만에 배송을 받고 싶다면, 페덱스에 전화하라.

제품에 대한 욕구가 분명한 경우 사람들에게 제품이 무엇인지 바로 가르쳐 주는 것이 좋다. 왜 주저하는가?

그러나 욕구가 그렇게 명백하지 않다면 어떻겠는가?

아마도 당신이 발명하기 전에는 존재하지 않았던 완전히 새로운 제품을 판매하고 있을 것이다. 짧은 한 문장으로 설명하기 힘든 제품일 것이다.

당신의 욕구가 표면적으로 명확하지 않더라도 걱정하지 마라. 고객의 핵심 요구 사항, 즉 제품이 충족할 요구를 해결하는 방식으로 시금석을 만들면 된다.

사람들에게 설명하기 쉽지 않은 제품 사례가 있다. (지금은 없어진) 내 오랜 회사 중 한 곳은 스타트블레이즈StartBlaze였다. 스타트블레이즈가 어떤 회사인지 단 몇 마디로 말하기는 매우 힘들었다. 그러나 핵심은 웹사이트 트래픽website traffic이었다. 스타트블레이즈를 위한 효과적인 시금석을 만들었고, 매출은 불쏘시개처럼 불이 붙었다.

"1달러를 내면, 귀하의 웹사이트에 1,000명이 방문할 것이다."

스타트블레이즈가 무엇을 하거나 어떻게 고객에게 서비스를 제공하는지 설명하지는 못하지만, 고객이 원하는 핵심을 바로 말했다.

욕구가 얼마나 진심인가?

1(전혀 필요 없다) ⟵───────⟶ 10 (아주 중요하다)

고객이 정말로 기업이 제공하는 제품이 필요 없다면, 제품 판매를 위해 엄청 험난한 길을 걷게 될 것이다.

반대로 고객이 반드시 그 제품이 필요하거나 그 제품이 없으면 생활이 훨씬 힘들어진다면, 유리한 고지를 선점할 수 있다.

사람들이 당신의 제품이 필요하지 않다면, 정말 그 제품을 바라도록 하는 것이 더 낫다. 사실 일부 마케터는 "욕구needs를 충족시키는 게 아니고, 바람wants을 충족시키고 있다."라고 말한다. 앤드류 카네기Andrew Carnegie와 빌 게이츠Bill Gates는 둘 다 욕구를 충족시켜서 세계 역사상 가장 부유한 사람이 되었기 때문에 그 말을 문제 삼을 수 있다.

그러나 분명 '바람' 산업이 많이 있으며, 그에 속해있다면 평가하기가 쉽지 않을 수 있다. 사실, 기업은 바람이나 갈망을 만드는 데 마케팅 노력을 기울여야 한다.

예를 들어, 대부분 미국 여성들이 청혼하는 남자에게 다이아몬드 반지를 받기 원한다는 건 말할 필요도 없을지도 모른다. 젠장, 이 시점에서 욕구로 넘어갔을 수도 있다. 욕구가 없다면 설명이 필요하겠지만, 무슨 말인지 알 것이기 때문이다.

자, 다이아몬드 반지에 대한 이러한 갈망desire은 어디에서 왔다고 생각하나? 우리 문화의 일부일 뿐이라는 건 분명하다. 모두가 약혼녀를 위해 다이아몬드 반지를 구매하지 않는가? 분명 오래된 관습일 것이다. 1940년까지 거슬러 올라가는 오래된 관습이 오래됐다고 생각한다면 당신 말이 맞을 것이다. 반지를 주는 전통은 그리스-로마 신화까지 거슬러 올라간다. 하지만 드비어스(De Beers, 영국 런던에 본사를 둔 다이아몬드 회사)가 1940년대에 광고 캠페인을 시작하고서야 다이아몬드 반지가 기준이 되었다. 일각에서는 드비어스가 이런 수요를 인위적으로 창출했을 뿐 아니라 희소성도 인위적으로 조작했다고 말하기까지 한다.

매우 인상적이지 않은가? 그 기업은 문화적 기준이 될 정도로 강한 수요를 창출했고, 그런 후 더 높은 가격을 받기 위해 공급을 줄였다.

결론은 무엇인가? 욕구가 없다면, 갈망을 만들 수 있다는 것이다. 드비어스는 다이아몬드로 할 수 있고, 게리 달(미국 사업가)은 소장용 장난감 펫 록Pet Rock으로 할 수 있다면, 한계가 있겠는가?

당신의 상상에서만 한계가 있다.

하지만 영업 최면술에 능하지 않다면, 문제를 해결하고 욕구를 충족시키는 데 전념해야 한다. 이제 상반되지만 어쩌면 유용한 생각의 자극제가 될 수 있는 완전히 다른 관점으로 마무리하자. 아마도 다이아몬드와 펫 록은 정말로 욕구를 충족시킨 것이다.

어떤 이는 우리 모두 엔터테인먼트가 필요하다고 주장할 수 있다. 펫 록은 확실히 그 점을 충족했다. 누군가는 남자가 여자 앞에서 돈 자랑을 해야 한다고 주장할 수도 있다. 그 남자는 또한 다른 남자들에게 "손대지 마!"라고 분명하게 표현해야 할 수도 있다. 다이아몬드가 이제 그 욕구를 충족시킨다고 봐야 하지 않을까?

나는 완전히 타당한 주장이라고 생각하지만, 우리는 "그 해결책이 얼마나 확실한가?"라는 질문을 되돌아봐야 한다. 아마

도 초기에는 다이아몬드가 그다지 명확하지 않았지만, 마케팅
으로 확실히 그 부분을 해결했다.

문제 해결책이 얼마나 흔한가?

1 (어디서나 볼 수 있다) ⟵———⟶ 10 (우리뿐이다)

고객이 직면한 동일만 문제에 대한 다른 업체들이 비슷한
해결책을 제공하고 있을 것이다. 절망하지 마라. 실패한 게 아
니다. 시금석으로 차별화하거나 독특하다고 인식되도록 하는
방법을 찾으면 된다.

기억하라. 기업이 독특하다고 인식될 수 있다면, 사실상 독
특한 것이다.

투자 수익을 입증할 수 있는가?

1 (전혀 할 수 없다) ⟵———⟶ 10 (아주 쉽게 할 수 있다)

사실, 연구, 추천, 차트 및 그래프로 고객에게 요구하는 가격보다 훨씬 더 큰 수익을 쉽게 얻을 수 있다는 점을 그들에게 보여줄 수 있는가?

할 수 있다면 성공 가능성이 몇 배로 늘어난다. 그렇게 할 수 없다면 모든 것을 다 잃는 건 아니지만, 훨씬 영업활동을 더 치열하게 해야 한다.

당신의 제안이 얼마나 감정을 자극하는가?

1 (전혀 자극하지 않는다) ⟵————⟶ 10 (매우 자극한다)

기업의 제품이나 서비스를 감정적인 욕구와 묶으면 매출이 증가한다.

이 방법을 남용하지 마라. 너무 많은 마케터들이 마치 소를 밧줄로 잡듯이 고객의 감정을 붙잡으려고 한다. 마케터들은 고객이 자신들이 파는 제품에 달려들지 않으면 애완동물이 죽고 고객의 건강이 나빠진다고 이해시키려고 한다. 이런 접근 방식은 삼성석 힘이 타당하시 않은 한 새영입Second Helping이 힘들다.

사람들은 기분을 좋게 해주고 두려움과 불안을 해소하고 완화해주는 제품을 구매하길 원한다. 이러한 욕구를 충족할 수 있다면 거래가 시작된 것이다.

제안이 별로 매력적이지 않아도, 완전히 실패한 건 아니다. 다른 방법으로 보완하며 열심히 노력하면 된다.

당신의 제안이 얼마나 시기적절한가?

1 (바로 필요하지 않다) ⟵⟶ 10(당장 필요하다)

잠재 고객이 지금 당장 필요한 상품이 없다면, 필요하다고 고객을 확신시켜야 한다. 지금 구매해야 하는 강력한 이유를 대지 못한다면, 매출 창출에 어려움을 겪을 것이다.

물론, 잠재 고객이 정말 다급하게 필요한 상품이 있고, 당신이 이 점을 잘 눈치챈다면, 판매는 훨씬 쉬워질 것이다. 다급하지 않아도, 기업은 늘 다급함을 만들어 낼 수 있고, 때로는 결과도 같다. (8장 제안 강화하는 방법 참조)

알려진 경쟁사와 견줄 만한가?

1 (경쟁사가 훌륭하다) ←————→ 10 (우리가 분명히 최고다)

자, 당신의 제품이 시장에서 최고가 아닐 수도 있다. 그래도 아직 희망을 버리지 마라.

최고가 아니라면, 다음과 같은 선택권이 있다.

- 제품을 어떻게든 개선하여 경쟁업체보다 더 뛰어나거나 최소한 대등한 경쟁력을 갖춰라.
- 경쟁업체들보다 시장에서 앞서 나갈 수 있으며 품질 면에서 그 업체들이 얼마나 더 나은지 아무도 알 수 없다는 점을 믿어라.

물론 첫 번째 선택권이 가장 좋지만, 두 번째를 선택해 어느 정도 성공을 거둔 사람이 얼마나 많은지 알면 놀랄 것이다.

하지만 잊지 마라. 장기적인 성공은 높은 ROI 제안에 달려 있다. 당신이 최고가 아닐 수 있지만, 고객에게 높은 ROI를 제공한다면 그것으로 충분하다.

자, 당신이 실제로 당신의 분야에서 최고이며 그걸 증명할 수 있다면, 그 주장의 심리적인 힘은 엄청나게 강하다. 그 힘이 고객들이 다른 사람과 거래하는 걸 힘들게 만든다.

그러려면 당신의 우월성을 적극적으로 마케팅을 해야 한다. 최고인데 아무도 모른다면, 최악이 될 수도 있다.

가격에서 경쟁사와 얼마나 비교되나?

1 (티파니만큼 고가) ←————→ 10(할인 가격)

이것은 겉으로 보이는 것처럼 간단한 문제가 아니다. 본능적으로, 최저가에 팔면 매출이 가장 높은 판매자가 될 것이라고 생각할 것이다.

꼭 그렇지도 않다.

앞에서 언급했더니, 최고라며 제품 가격을 조금 더, 어쩌면 훨씬 더 많이 청구할 수 있다.

부티크 마케팅에 대해 알아보자. 부티크 접근 방법은 훌륭한 해결책을 제안하고 그에 따라 비용을 청구하는 방식이다.

고객이 적을수록 번거로운 일이 더 적고 더 많은 이익을 얻을 수 있다는 것이 장점이다. 생각해보라. 10분의 1의 고객으로 10배의 수입을 올릴 수 있다면 편히 지낼 수 있다.

놀랍게도, 나는 상품 구매에 더 많은 돈을 쓰려고 하는 고객들이 저렴한 물건을 사려는 고객들보다 고민거리가 훨씬 적다는 것을 알게 됐다.

더 분명히 하자면, 가격이 가장 저렴해도 제품이 형편없으면, 여전히 판매에 어려움을 겪는다. 비용에 민감한 구매자라도 투자 수익을 원하고 아무리 저렴해도 형편없는 상품은 구매하지 않는다.

다른 방법으로도 팔 수 없는 제품을 거저 줄 수 없다는 걸 기억하자. 사은품이라도 가치가 높아야 한다.

구매 결정 조건은 표면적 가격만이 아니다. 하급 제품 구매에 숨겨진 비용hidden cost은 할인가격으로 얻을 수 있는 이익보다 훨씬 클 것이다.

제안을 구상할 때 이 모든 사항을 고려해야 한다. 가격은 실제로 도움이 되지만 외부 요소들을 살펴야 한다.

거절할 수 없는 제안은

매우 효과적이므로

비즈니스의 중심이 되어야 한다는 것이다.

다른 마케팅 활동을 펼치기 전

거절할 수 없는 제안이

출발점이 되어야 한다

CHAPTER 10

역사 속
훌륭한 제안들

'거절할 수 없는 제안'의 가장 훌륭한 3가지 사례였던 도미노 피자, 컬럼비아 하우스 레코드, 페더럴 익스프레스에 대해서는 이미 자세히 논의했다. 이 세 기업의 성공은 전설적이며, 그 이유는 쉽게 알 것이다.

이제 거절할 수 없는 제안은 아니지만, 그 자체로도 훌륭한 제안이고 분명 연구할 가치가 있는 사례들을 소개하겠다. 일부는 다른 것보다 낫다. 일부는 완전히 공식을 따르고, 일부는 훌륭한 시금석이라는 건 보여준다. 당신이 각 사례에 대해 생각하고 거절할 수 없는 제안에 해당하는지 확인해 보기 바란다. 이런 식으로 마케팅의 모든 부분을 분석하면 곧 당신은 거절할 수 없는 제안의 달인이 될 것이다.

"최선을 다하라."

미 육군은 "최선을 다하라Be All You Can Be."를 20년 넘게 사용한 후 슬로건을 "하나의 군대An Army of One"로 변경했다.

나는 이것이 끔찍한 변화라고 생각하고 육군의 저조한 모병 통계가 내 생각을 뒷받침했다.

8년 이상 군 복무 후 나는 이 일이 어떻게 일어났는지 생각했다. 기업 세계에서도 똑같은 일이 벌어진다. 위험할 정도로 현실과 동떨어져 있던 일부 고위급 인사(우리는 "그는 계급이 너무 높아서 현실과 떨어져 있다."라고 농담했다.)가 세상이 변하고 있기 때문에 시대에 발맞추기 위해 육군의 이미지를 바꿔야 한다고 결정했다.

"최선을 다하라."는 역사상 가장 훌륭한 마케팅 캠페인 중 하나고, 그 지속성이 이를 증명했다. 육군은 슬로건 변경이 아니라 군인들 처우를 개선해야 했다(이제야 그 점을 깨닫고 있다).

"최선을 다하라."는 멋진 시금석이다. 군대와 관련된 단어를 들으면 바로 강력한 제안이 떠오른다.

"현재의 삶을 뒤로하고 우리에게 와라. 당신을 최고의 사람으로 만들어주겠다. 잠재된 위대함을 펼쳐라."

젊은이들에게 강력한 제안이다. 그리고 나는 육군이 실제로 이 제안을 지켰다고 생각한다. 군대는 결점투성이였던 나를 완전히 변화시켰다. (하지만 많은 사람들의 삶이 망가지기도 했다. 모든 것은 당신에게 달렸다.)

이 캠페인에서 육군은 거절할 수 없는 제안의 세 가지 요소를 모두 갖췄다는 것이 핵심이다.

육군의 새로운 캠페인은 높은 ROI 제안이다. 평범한 시금석으로, 한 가지가 결여되어 있었다. 바로 신뢰성이다. '하나의 군대'는 장-클로드 반담이 출연하는 진부한 영화 제목처럼 들린다. "최선을 다하라."는 정직하고 진솔하다.

"22분 동안 세상 소식을 알려드립니다."

미국 뉴욕 WINS 라디오는 청취자들에게 멋진 것을 선사한다.

"당신은 서두른다고는 하지만 늘 시간에 쫓깁니다. 출근길에 세상 소식을 들을 수 있다면 더 이상 시간 낭비를 하지 않아도 돼요. 그저 매일 아침 출근을 하면서 세상사를 이해하고 차에서 내리세요."

아, 이것이 뉴스 방송 광고라고 말했었나? 아니다, 하지만 당신은 이미 알고 있었다. 시금석을 읽는 순간에 알았다.

훌륭한 시금석은 때로는 그 이상의 의미를 내포한다. 무언가를 암시하는 것은 무언가를 솔직하게 말하는 것보다 훨씬 더 강력할 수 있다. 청취자가 흩어진 생각들을 이을 수 있다면, 그로 인한 교훈은 훨씬 더 큰 영향을 미친다.

월스트리트저널Wall Street Journal이 매년 보내는 다이렉트 마케팅 세일즈 레터인 '두 젊은이의 이야기Two Young Mens'는 역사상 가장 많이 발송된 다이렉트 마케팅 우편물로 이런 전술을 이용한다. 두 젊은이 중 더 성공한 사람이 월스트리트 저널을 읽는다고 결코 노골적으로 말하지 않았지만, 그렇다고 암시했다. 이런 암시로 두 젊은이에 관한 세일즈 레터가 성공 원인이 됐다고 믿는 사람들이 많다.

"보도는 우리가. 판단은 당신이(WE REPORT. YOU DECIDE.)."

폭스 뉴스Fox News의 시금석이다. 하던 일을 잠시 멈추고 이 슬로건이 당신에게 무엇을 말하는지 생각해보라.

많은 언론사가 용서가 안 될 정도로 편향된 보도를 한다는 생각이 강하게 든다. 즉, 언론사들은 보도보다는 영향력을 행사하고 있는 것으로, 의견이 아닌 사실의 근원이라고 주장하면서 중대한 잘못을 저지르고 있다.

물론, 어떤 상황에 대해 완전히 객관적인 건 불가능하다고 주장할 수 있다. 당연히 보도는 선택적이다. 모든 정보를 제공할 수 없기 때문에, 일부 정보들은 생략해야 한다. 이 생략 과정에서 다른 관점을 지지하는 정보를 빼버려서 편향된 것처럼 보이기 쉽다.

그런데도 사람들은 언론사들이 도를 넘었다고 생각한다. 그 과정에 내재된 편견만이 아니라 뉴스를 준비하는 사람들의 정치적 성향을 드러내는 편견이다. 이러한 의견이 늘어나는 것에 대응하려고, (특히 미국 보수주의자들은 언론사들이 진보주의적 성향을 보인다고 생각한다.) 폭스 뉴스는 자신들이 객관적인 정보의 근원으로 보이길 원했다.

이제 일부 사람들은 언론의 진보주의적 편견에 맞서기 위해 폭스 뉴스가 보수적으로 편향됐다고 주장할 수 있지만(그리고 그들이 옳을 수도 있지만) 마케팅의 효과에 대해서는 반박할 수 없다.

폭스 뉴스는 오랫동안 정상을 차지하고 있던 24시간 케이블 TV 뉴스 보도 채널 CNN을 밀어냈다.

CNN은 수년 동안 최고였고, 1990년에 걸프전 취재로 엄청난 명성을 얻었다. 브랜드화에 대해 마케터가 하는 모든 것을 알고 있는 CNN은 그 시장에서 자신들의 위치를 쉽게 지킬 수 있었어야 했다.

그러나 거절할 수 없는 제안을 전략적으로 배치한 폭스 뉴스가 CNN을 완전히 박살내 버렸다.

"열광적인 지원"

락스페이스 매니지드 호스팅(RackSpace Managed Hosting, 미국 텍사스주에 위치한 매니지드 클라우드 컴퓨팅 기업)의 지루하게 보이는 이 슬로건은 대규모 웹 사이트 프로젝트에 적합한 매니지드 호스팅 서비스를 찾고 있는 고객들에게는 전혀 지루한 것이 아니다.

대부분의 웹 호스팅 회사들은 열광적인 지원과는 거리가 멀다. 완전 직무 태만이다. 한 업체가 "당신을 지원하는 것이 우리의 일입니다."라고 말하면, 당신은 분명 주목한다.

심각할 정도로 지원 인력이 없는 업계에서 이런 주장을 믿게 하는 것이 상당히 어렵다는 것이 업체의 과제였다. 실제 행동으로 보여주면서 '신뢰성'을 구축했다. 실제로 고객을 돕는

데 열광적이라는 것을 몇 번이고 증명했다.

또한 영업 프로세스에서 열광적 지원을 증명했다. 최근에 그 업체와 나의 새로운 프로젝트를 진행하려고 했고, 기존 의무 사항 때문에 난 거래를 계속 미루고 있었다. 그 업체는 "무슨 이유로 이 거래를 미루나요?"라고 물었다. 좋은 질문이었다. 난 솔직하게 말했고, 그 업체는 바로 문제를 해결했고, 다시 나와의 비즈니스로 수익을 올렸다.

평판과 영업 프로세스에서 마케팅에서 보여주기 어려울 수 있는 신뢰성을 줬다. 일반적으로 그 프로세스가 더 비싸고 복잡할수록 신뢰성을 확립하는 건 더 힘들다.

"다른 매장 광고 가격보다 비싸면 매트리스는 무료입니다."

이 광고를 본 지 몇 년이 지났지만, 어제 본 것처럼 기억이 난다. 싯앤슬립(Sit'n sleep, 미국 LA 최대 매트리스 전문 판매점) 모델의 짜증스러운 목소리가 머릿속에서 떠나지 않는다.

싯앤슬립은 캘리포니아 남부에서 이렇게 불쾌하고 비논리적으로 보이는 광고로 유명하다. 도대체 그들은 뭘 하려는 건가? "죄송해요. 그 가격에 맞출 수 없으니 무료로 드릴게요."

이런.

그렇다, 어떤 사람들은 이 광고를 그저 짜증 나는 영업 광고라고 치부하지만, 왜 이 시금석이 몇 년 동안 바뀌지 않았는지 자문해봐야 한다.

앞에서 말했듯이, 비효과적인 마케팅 캠페인은 오랫동안 반복하지 않는다. 마케팅을 계속한다는 것은 성과가 있다는 것이다. 경제학은 단순히 그 말을 뒷받침하지 않는다. 이 '비논리적인' 광고에 뭔가가 있어야 한다.

그 시금석은 실제로 한 가지, 즉 '최저 가격 보장'을 분명히 전달한다.

그 메시지를 전달하는 짜증 나는 방법이 너무 불쾌해서 사람들은 늘 그 점에 대해서 농담한다.

그렇다, 그 광고에 대해 농담은 할 수 있지만 절대 잊지 않는다. 그리고 농담한다는 건 그 광고에 대해 이야기한다는 것이다. 내가 이 책에 이 캠페인을 포함시킨 것에 대해 비웃는 사람도 있겠지만, 사실 이 캠페인은 10년 넘게 오랜 세월의 시험을 견뎠다.

"구매 후 최대 60일 안에 고객님이 찾은 최저 가격을 인정합니다."

가전제품은 경쟁이 너무 치열하기에 강력한 ROI 제안이 필수다. 예를 들어, 서킷 시티(Circuit City, 미국의 전자제품 유통업체, 현재는 폐업)는 아버지가 어린 아들에게 나중에 더 저렴한 가격에 팔 수 있기 때문에 대형 TV를 살 수 없다고 말하는 광고 장면을 내보낸다. 그때 서킷 시티는 제품 구매 후 60일 동안은 소비자가 찾은 최저 가격을 인정할 것이라고 안내한다. 그 광고로 신용과 신뢰성이 생겨 구매자에게 나중에 더 낮은 가격을 찾으면 좋은 거래를 할 거라는 확신을 준다. 그 효과는 소비자의 마음에 엄청난 위험 반전이다.

왜 60일 후 가격에 초점을 두는가? 만약 그 자리에서 더 저렴한 가격을 찾을 수 있다면 왜 그때 인정하지 않는가? 이는 전자제품 시장에 대해 잘 이해한다는 것이다. 어쩌면 당신이나 당신이 아는 사람은 단순히 나중에 더 저렴한 가격을 찾을 수 있는지 알려고 전자제품을 구입했을 것이다. 사실 전자제품의 가치는 최신, 최고의 모델이 출시되면 빠르게 떨어지기 때문에 이는 필연적인 일이다. 이것은 천재적인 제안이다.

유일한 문제점은 아이덴티티 구축에 이용하지 않는다는 것
이다. 난 그 업체의 매우 힘없는 슬로건인 '바로 내가 필요했던
것'을 짧게 해서 완전한 아이덴티티 구축에 이용할 것이다.

"캐터필러는 전 세계 어디에서나
48시간 내 부품 서비스 제공을 보장합니다."

캐터필러 트랙터는 고객에게 전 세계 어디에서나 48시간 부
품 서비스를 하지 못하면 캐터필러가 비용을 부담한다고 약속
함으로써 중장비 업계에서 거대 기업이 되었다. 도미노 피자
와 매우 흡사한 것으로, 필요한 부품을 제때 받지 못하면 무료
로 받을 수 있다.

중장비 구매자들은 구매로 얻는 ROI를 잘 알고 있다고 생각
한다. 만약 20만 달러짜리 장비가 먼지를 뒤집어쓰고 있다고,
분명 ROI를 얻지 못한다. 이 시금석은 그 불안을 눈 깜짝할 사
이에 해소한다. 훌륭하다.

"10년 동안 고장 없이 작동."

옛날 TV 광고 속 메이텍(Maytag, 미국 가정 및 상업용 가전 브랜드)
수리기사가 기억나는가? 메이텍 세탁기나 건조기를 수리할 필
요가 없어서 하루 종일 따분하게 앉아있었다. 그 광고는 메이
텍이 고객에게 원래 제안했던 '10년 동안 고장 없이 작동'의 파
생물이었다. 인상적인 시금석이다. 세탁기나 건조기를 구입
할 때 뭘 원하는가? 작동이 제대로 되고 오랫동안 교체할 필
요가 없었으면 한다. 메이텍은 이러한 요구를 성공적으로 충
족시켰다.

"어떠한 이유로든 불만족스러우신 경우
영수증 없이 무조건 반품해 드립니다."

노드스트롬 백화점(Nordstrom, 미국 고급 백화점 체인)은 가격을
기준으로 경쟁하지 않는다. 양복을 구매하고 싶다면 다른 백
화점에서 더 저렴한 양복을 찾을 수 있을 것이다. 하지만 노드
스트롬은 고객의 만족을 보장한다. 백화점은 고객이 물건 반

품 시 영수증 없이 무조건 환불해 준다는 정책을 오랫동안 홍보해왔다. 높은 ROI 제안으로 고객이 지출한 비용만큼 좋은 상품을 제공할 것이며, 원하는 상품이 아닐 경우 환불해 준다. 그 덕분에 세일이 없어도 노드스트롬은 계속 성공하는 것이다.

분명히 노드스트롬의 이 제안이 특별한 것이 아니지만, 그러한 대규모 접근 방식의 효과를 보여준다. 또한 '영수증 없이'라는 부분도 눈에 띈다. 보통 반품할 때 겪는 지옥 같은 상황에서 환영할 만한 변화다.

"100% 솔루션"

리맥스RE/MAX 부동산(프랜차이즈 시스템을 통해 운영되는 미국 국제 부동산 회사) 설립자 데이브 리니거Dave Liniger는 자신의 분야에서 마케팅 선구자였다. "100% 솔루션"으로 자신의 회사를 10억 달러 규모의 기업체로 성장시켰다. 이 시금석은 최종 소비자가 아니라 틈새 소비자, 즉 부동산 중개업자를 대상으로 했다.

그는 수수료를 내지 않고 사무실 공간, 명함, 전화 등의 월 사용료를 RE/MAX에 지불하면 된다고 말했다. 리니거는 로스 리더의 중요성을 이해했다. RE/MAX의 이름으로 집을 팔려는 의욕적인 사람들이 모일 것이라는 걸 알았기 때문에 수수료 일부를 포기했다.

이 제안 때문에 매달 그에게 수수료를 지불하고 무료로 브랜드 가치를 구축하는 수천 명의 영업담당자가 생겼다.

"비포 앤 애프터(BEFORE AND AFTER)"

제안은 복잡하거나 까다로울 필요가 없다. 대부분의 경우 기업은 고객이 얻는 가치를 가능한 단순하고 직접 보여주려고 한다. 말을 안 해도 된다(앞에서 언급한 비언어적 의사소통 부분을 참조하라).

멀 노먼 코스메틱(Merle Norman Cosmetics, 1931년에 설립된 미국 다국적 화장품 회사)은 비언어적 의사소통의 대표적인 예이다. 잡지 광고를 시작하기로 결정했을 때부터 교묘한 캐치프레이즈catch phrase나 화려한 시각적 요소를 쓰지 않았다. 단순히 '비포'와 '에프터' 사진을 보여주며, 멀 노먼 제품을 바른 후 여성이 얼마나 더 아름다워졌는지 보여줬다. 이렇게 시각적인 높은 ROI 제안으로 광고 캠페인을 시작한 후 멀 노먼의 매출은 5년 동안 3배로 증가했다.

비언어적 의사소통도 프레젠테이션을 크게 향상시킬 수 있지만, 여전히 언어적 시금석이 전반적인 결과를 향상시킨다. 시금석은 소비자에게 기업의 메시지를 편리하고 쉽게 전하는 방식을 선사한다. 친구에게 멀 노먼의 비포 앤 애프터를 설명해보라. 사진을 찾아서 보여줘야 할 것이다. 우리들 대부분은 그런 사진을 주머니에 넣고 다니지 않지만, 수천 개의 시금석은 머릿속에 있다.

"무료 샘플"

고객을 유치하고 유지할 수 있는 높은 ROI를 가진 좋은 제품이 있다면, 비즈니스 구축을 위해 로스 리더를 적극 고려해야 한다. (물론 최고의 판단력을 발휘해서 ROI를 계속 지켜봐야 한다.)

미세스 필즈 쿠키Mrs. Fields Cookie 설립자 데비 필즈Debbie

Fields는 첫 번째 쿠키 가게를 열었을 때 망했다고 생각했다. 개업 첫날 정오까지 아무도 쿠키를 사러 오지 않았다. 그래서 그녀는 쟁반에 쿠키를 가득 담고, 거리로 나가서 공짜로 쿠키를 주기 시작했다. 사람들은 쿠키를 더 사려고 바로 그녀를 따라 가게로 들어갔다. 그 전략은 계속되고 있다. 1,000개 이상 매장으로 성장한 미세스 필즈는 지금도 고객들에게 무료 쿠키 시식을 권한다. 고객이 우리 제품을 마음에 들어 한다는 믿음이 너무 강한 그 제안은 고객이 구매하러 다시 올 거라는 걸 알기 때문에 무료로 주는 것이다.

CHAPTER 11

거절할 수 없는 제안과 입소문

입소문 마케팅은 가장 강력한 마케팅 무기가 될 수 있다.

생각해 보라. 제품에 열광하는 믿을 수 있는 친구보다 제품 구매를 자극하는 것이 있을까?

허리 통증이 있다고 상상해 보자. 친구에게 불편함을 이야기하면, 그 친구는 "나도 몇 년 동안 허리가 안 좋았는데, 아무것도 효과가 없더라. 마지막으로 에고스큐 트레이닝Egoscue Training을 해 봤는데, 그 후로 괜찮아졌어."라고 말한다.

당신이 처음 물어보는 두 가지 질문은 무엇인가? 4가지 핵심 질문일까? 아니다. 놀랍게도 그 질문들은 건너뛰었다. 당신의 자연스러운 반응은 다음과 같다.

그게 뭐야?

어떻게 구해?

놀랍지 않은가? 그렇다면 왜 기업들은 입소문에 모든 에너지를 집중하지 않는가?

문제는 입소문의 메커니즘이 잘 이해되지 않는다는 것이다. 많은 이들이 입소문을 자극하려 하지만, 그 결과는 확실히 재현되거나 측정할 수 없어서 연구자들은 좌절감을 느끼며 포기한다.

입소문의 메커니즘을 잘 이해해서 사람들이 계속 당신에 대한 소문을 떠들도록 할 수 있더라도, 그 사람들이 메시지를 제대로 퍼트리고 있는지 어떻게 확신할 수 있나? 앞에서 언급된 에고스큐와 같은 이야기는 조작될 수 없다. 이런 현상은 고객을 현혹시키면서 자연스럽게 일어났다.

고객이 기업을 대신해 소문을 내줄 것이라는 기대감에 모든 것을 걸 수 있을까?

그럴 수 있지만, 제대로 먹히는지 궁금해서 잠 못 이루는 밤을 보낼 수 있다.

고객을 현혹해서는 안 된다는 뜻인가? 물론 그렇지 않다. 이것이 바로 높은 ROI 제안의 핵심이다. ROI가 더 좋을수록 더 현혹된다.

하지만 당신은 이런 종류의 효과가 나타나기 기다리지만은 않을 것이다. 시간이 지나면서 효과가 나타나겠지만 그 과정의 속도를 높이고 결과를 개선할 수 있다.

입소문의 가장 최고 수준의 형태는 거절하는 없는 제안에 자극된 적극적인 과정이다.

그 방법과 이유에 대해 살펴볼 필요가 있다.

입소문 마케팅의 메커니즘

입소문 마케팅은 실제로 비즈니스 그 자체만큼 오랫동안 우리 주변에 존재해왔다. 첫 물물교환 때 사람들은 이런 말을 했을 것이다.

사무, 그 들소 가죽 어디서 났어?"

"아, 달걀을 주고 조그랑 거래했어. 꽤 괜찮지?"

"응."

"몸을 따뜻하게 해주고, 더 이상 섹스하자고 오그다를 조를 필요도 없어."

"거래라고? '거래'가 뭐야?"

지난 10년 동안 가장 큰 유행어 중 하나는 '바이럴 마케팅viral marketing'이었다. 수많은 책이 이 주제에 대해 다뤘고 (많은 책에서 자신들이 이 용어를 만들었다고 했지만, 솔직히 누가 만들었는지 아무도 모른다.) 모두 새로운 마케팅 유행의 다양한 면을 설명했다.

바이럴 마케팅은 정말 오래된 입소문을 다르게 보는 방법일 뿐이다. 그렇다, 일부 바이럴 마케팅 마니아들은 이 말을 트집 잡을 것이다. 하지만 조금 더 깊이 들여다보면, (전달 메커니즘 (Delivery Mechanism)을 종종 제외하고) 같다는 것을 알게 될 것이다.

"언어는 하나의 바이러스다."

-윌리엄 S. 버로스 *(William S. Burroughs, 미국 소설가)*

윌리엄 S. 버로스는 이 점을 잘 알았다 언어를 하나의 바이러스라고 말하면서, 입소문 역학에 대해 깊이 이해했다. 생물 바이러스는 입소문 메커니즘을 비유하기에 정말 적절하다.

생물 바이러스는 어떻게 움직이는가?

생물 바이러스는 지방질(지방) 또는 단백질로 둘러싸인 DNA 또는 RNA이다. 바이러스는 숙주 세포에 들러붙기 전까지는 사실 '생명체'가 아니다. 일단 숙주 세포에 달라붙으면, 숙주 세포의 DNA 일부를 바이러스의 일부로 바꾼다. 숙주 세포는 이전 기능을 멈추고 더 많은 바이러스를 만드는 새로운 기능을 한다. 이 새로운 바이러스는 다른 세포에 달라붙어서 그 과정을 계속할 때까지 떠돌아다닌다.

생각해보면 꽤 무섭다. 바이러스가 자신을 퍼뜨리기 위해 당신의 몸을 이용하는 것이다.

생물 바이러스의 경우 최종 결과는 알다시피 매우 파괴적이다. 하지만 동일한 메커니즘에 은유적으로 사용할 수 있다.

한번 살펴보자. 아주 간단한 말해서, 바이러스는 두 가지로 구성된다.

1. **프로그램(명령)** 명령은 언제나 '더 많은 바이러스 만들어 퍼뜨리고 다른 것을 하라.'는 것이다. 생물 바이러스의 경우 '다른 것'은 보통 파괴적인 것이다. 이 프로그램은 바이러스 유형에 따라 항상 DNA 또는 RNA에 인코딩된다.

2. **전달 메커니즘** 이 명령들은 어떻게 전달될까? 때로는 (기침 또는 재채기로) 공기 중으로 전달된다. 때때로 단순히 피부접촉으로 전해지고, 가끔은 (성관계나 정맥주사 공유로) 체액으로 전염이 된다.

만약 바이러스가 이 요소들 중 어느 하나라도 없으면, 별 게 아니다. 두 가지 요소를 합치면 뛰어난 자기 복제 시스템이 생성된다.

언어는 하나의 바이러스다

입소문은 본질적으로 이와 같은 요소들로 작용한다.

1. **프로그램** - 프로그램은 바이러스를 퍼뜨리고 다른 것을 하라는 단순한
   일련의 명령이라는 걸 기억하자. '다른 것'은 추가 정보의 형태로, 비즈
   니스에 관한 좋은 정보 또는 나쁜 정보다. 바로 그것이다. 입소문 마케
   팅은 당신이 좋든 싫든 메시지가 좋든 나쁘든 늘 일어난다.
2. **전달 메커니즘** - 입소문 마케팅의 형태로, 전달 메커니즘은 사람들 입
   에서 나오는 말이다. 하지만 비언어적 의사소통을 통해서도 입소문이
   전해진다는 점에 주목하는 것도 흥미로울 것이다.

입소문 전달 메커니즘

그러나 정보가 항상 입소문만으로 퍼지는 건 아니다. 사용
할 수 있고 사용해야 하는 다른 메커니즘이 있는데, 각각의 이
점을 살펴보자.

이미지

누군가 왼쪽 약지에 반지를 끼고 있는 걸 본다면, 자연스럽게 어떤 생각이 드는가?

당연히 결혼했다는 생각이다.

이것은 형상화로 퍼지는 정보의 전형적인 형태다.

관심을 가지고 보면, 이 정보는 단 하나의 이미지를 통해 매우 빠르고 효율적으로 전달되고 있다. 하지만 이 정보를 다른 사람에게 전달하고 싶을 때는 어떻게 될까?

이것이 입소문 메시지의 이상적인 전달 메커니즘인가?

계속 읽어보라.

소리

안타깝게도, 내가 몇 가지 예로 소리를 직접 들려줄 수는 없지만, 당신이 직접 그 소리를 머릿속에 떠올릴 수 있다.

인텔과 관련된 네 가지 음을 떠올릴 수 있는가?

NBC와 관련된 세 가지 소리는?

심슨 가족의 매 에피소드마다 들리는 첫 세 가지 음은?

이런 소리는 브랜드 아이덴티티를 매우 효율적으로 전달하지만, 그 이상은 아니다. 그리고 당신이 친구들에게 NBC에 대해 말하고 싶을 때 어떻게 하나? 3가지 음을 흥얼거리는가?

말

말의 가장 큰 장점은 무한한 휴대성이다.

만약 당신이 메리의 결혼 소식을 누군가에게 말하고 싶다면, 반지를 낀 손가락 사진을 불쑥 내밀 수 있는가?

아니다, "결혼했어요."라고 말하면 된다.

당신이 남편도 아닌데 그런 사진을 가지고 다녔다면, 조금은 소름 끼쳤을 것이다.

인텔이라는 회사에 대해 이야기하고 싶으면, 4가지 음을 흥얼거리는가? 아니다, "인텔"이라고 말한다.

휴대성 때문에 단어는 가장 빠르게 퍼지는 전달 메커니즘이다.

밈(Memes)

밈은 가장 효율적인 커뮤니케이션 방식이다. 한눈에 (복잡한 생각이라도) 전체 생각을 전달한다.

이미지가 밈이 될 수 있다. (이 책 표지가 밈이다.)

때때로 말이 밈이 된다. ("꿈이 있어…")

그리고…

훌륭한 시금석도 밈이다.

계속 읽어보라.

이러한 모든 선택지에서 어떤 전달 메커니즘을 고르겠는가?

게다가 입소문이 당신에게 유리하게 작용하고 있다는 것을 어떻게 알 수 있나?

그 전에 생물 바이러스가 어떻게 퍼지는지 조금 더 알아보자.

독성

생물 바이러스는 다양한 속성에 따라 다소 독성이 있다. 즉 바이러스는 자신들을 퍼트리고 프로그램을 충족시키는 데 어느 정도 성공했다.

몇 가지는 생물 바이러스의 독성에 영향을 미치고, 우리는 입소문 마케팅에서 흥미로운 필연적 결과를 알 수 있다.

생물 바이러스의 독성 요인

이것은 다소 전문적으로 들릴 수 있지만 잠시만 참아라. 이 비유를 더 확장하면 입소문 마케팅을 쉴 새 없이 강력하게 만드는 엄청나게 강력한 도구가 될 것이다.

숙주의 면역(항체의 존재)

특정 바이러스에 노출돼서 잘 이겨낸다면, 나중에 당신의 몸은 더 잘 이겨낼 수 있을 것이다. 때로는 미리 면역력을 높이기 위해 백신을 접종하기도 한다. 이렇게 몸은 바이러스를 감지하고, 감염되었을 때 대처하는 방법을 익힌다.

이러한 백신 접종은 매우 효과적이어서 수 세기 동안 인류를 괴롭혔던 많은 바이러스성 질병을 거의 근절했다.

숙주의 강함 또는 약함

바이러스의 숙주(감염된 동물)가 (나이, 부상 등으로) 상태가 약해지면, 특정 감염에 대한 면역력이 높더라도 바이러스 감염에 대한 전반적인 퇴치 능력은 떨어진다. 예를 들어 독감

예방접종을 해도, 전반적인 체력이 약해지면 보통 항체 생성 능력이 저하된다.

복제 속도

바이러스가 더 효율적으로 자가 복제를 하면 더 빨리 퍼질 것이다. 생각해보라. 만약 감염된 한 개 세포가 더 많은 바이러스를 생성할 수 있다면, 그 바이러스는 더 많은 세포를 감염시킬 수 있고, 따라서 더 많은 바이러스를 생성할 수 있다.

복제 속도가 조금만 증가해도 발병 속도에 큰 차이가 생길 수 있다고 생각하면, 속도의 작은 변화로 기하급수적인 영향을 미칠 수 있다.

전달 효율성

바이러스가 자가 복제를 매우 빠르게 할 수 있다고 해도, 전달 메커니즘이 비효율적이면 사람 간 전파가 실패할 수도 있다.

예를 들어서 바이러스에 걸리려면 기침이나 재채기 하는 사람이 가는 길에 서 있기만 하면 되고, 그 전달은 매우 효율적이다.

만약 매개체와 어떤 형태의 신체 접촉이 필요하다면, 바이러스는 훨씬 더 더딘 속도로 퍼질 것이다(호흡이 접촉보다 훨씬 더 빈번한 행동이기 때문이다).

결합률

바이러스 증가의 생물학적 모델을 마케팅에 적용하면서, 난 인터넷 초창기에 놀라운 결과를 얻을 수 있었다.

1995년에 나는 모든 입소문 캠페인에 적용해 마케팅 바이러스를 보다 효과적으로 전파할 수 공식을 개발했다. (그 당시 '바이럴 마케팅'이라는 말이 만들어지지 않았지만, 많은 사람이 바이럴 마케팅을 펼쳤다.)

더 나은 용어가 없어서 '결합률'로 캠페인의 효과를 측정했다.

결합은 캠페인의 독성을 측정하는 척도였다. 한참 후에야 그 용어로 그렇게 부르지 않았지만, 이 비율은 캠페인의 성공을 예측하는 아주 강력한 측정치였다. 이 공식에 숫자를 넣어서 캠페인 효과를 바로 알 수 있다

10일간 결합률이 1.1이면, 평균적으로 10일 후에 마케팅 '바이러스'의 '매개체' 하나가 약 1.1개의 새로운 매개체를 만들었다는 것이다. 즉, 당신의 메시지를 본 한 명이 10일 후에는 1.1명의 새로운 매개체를 만든다. 아니면 메시지를 본 100명이 새로운 110명에게 말을 퍼트릴 것이다.

이론적으로 결합률이 1.0이면 좋은 것으로, 매개체 수가 점점 커진다는 걸 의미한다.

그러나 결합률이 미미하거나 너무 오랜 기간 지속되는 경우에 영향이 미치지 못할 수 있다.

예를 들어 10일 결합률이 1.01이고, 매개체 10,000개로 시작한다고 가정하면, 캠페인이 얼마나 빨리 확산하는지 확인해보자.

10일 결합률 1.01

Day 0 10,000

Day 1010,100

Day 2010,201

Day 3010,303

*Day 40	10,406*

*Day 50	10,510*

*Day 60	10,615*

*Day 200	12,201*

나쁘지 않다. 200일 후, 손가락 하나 까딱하지 않아도 당신의 마케팅 메시지를 2,201명이 더 봤다.

상당히 괜찮지 않은가? 점차 좋아지고 있다.

그럼 결합률이 단 0.3 늘어나면 어떨까? 유의미한 차이가 있을까?

확인해보자.

10일 결합률 1.31

*Day 0	10,000*

*Day 10	13,100*

*Day 20	17,161*

*Day 30	22,480*

*Day 40	29,449*

Day 50 35,579

Day 60 50,539

Day 200 2,215,266

나쁘지 않다. 200일 결과에서 결합률 1.31이 1.01을 넘어섰다.

그리고 처음 당신의 메시지를 본 사람이 10,000명이었는데, 마케팅에 돈을 쓰지 않고도 200일에 2,215,266명이 메시지를 봤다. 이 수치는 대단해 보인다. 그리고 1.0이나 그 이상의 결합률을 얻는 건 상당히 힘들지만, 가능성은 있다.

그렇다면, 어떻게 결합률을 높일 수 있을까? 어떻게 놀라운 결과를 얻을 수 있나?

독성을 높여라. 즉, 전염성이 점점 강한 바이러스를 만들어 더 빠른 속도로 확산시키는 것이다.

입소문 바이러스의 독성 요소

생물 바이러스의 확산에 영향을 미치는 동일한 요소들을 입소문 확산에도 비유할 수 있다.

면역

동물들이 이전의 노출로 바이러스에 대한 면역력을 기를 수 있듯이, 마케팅 대상도 마케팅 메시지에 면역이 될 수 있다. 마케팅 메시지에 대한 면역은 여러 가지 원인에 따라 생길 수 있다.

불신

고객이 기업, 기업의 제품, 업종, 모델을 신뢰하지 않는다면, 사실상 마케팅에 대한 예방접종을 받았을 것이다. 비슷한 제안에 상처받았을 것이다. 해당 기업에 화가 났을 것이다. 어쩌면 기업이 판매하는 제품이 전혀 효과가 없다고 생각할지도 모른다.

과다 노출

일반적으로, 마케팅에서 반복은 훌륭한 방법이다. 사람들이 메시지를 더 많이 들을수록, 더 많은 반응을 보일 것이다. 사람들 사이에 전해지는 마케팅 지식 중 하나는 잠재 고객이 반응을 보이기 전까지 메시지를 정확히 8번 들어야 한다는 것이지만, 사실인지 누가 알겠는가? 어떤 사람들은 단 한 번의 노출로 제품을 구매할 수도 있고, (거절할 수 없는 제안이면 이럴 가능성이 더 있다.) 어떤 사람들은 결코 구매하지 않을 수 있다. 특히 브랜드를 구축하려고 한다면, 반복이 도움이 된다.

'과다 노출'은 메시지가 오래된 뉴스 또는 따분한 뉴스가 되었다는 의미다. 더는 시장의 관심을 사로잡지 못한다.

접근 방식이 더 이상 고유하거나 적절하지 않을 때 이런 상황이 일어날 수 있다. 예를 들어, 모든 피자 가게가 '30분 배달 보증제'를 실시한다면, 도미노 혹은 다른 모방 업체에게 그런 접근 방식은 그렇게 효과적이지 않았을 것이다.

기본적으로 잠재 고객과의 만남 이전에 발생해서 잠재 고객이 기업의 메시지를 선뜻 받아들이지 못하게 하는 어떤 상황이나 일이 메시지에 대한 예방 접종을 하고 결합에 부정적인 영향을 미칠 것이다.

숙주의 힘

강한 숙주는 이전의 노출과 관계없이 선천적으로 바이러스에 면역이 있는 숙주이다. 목표 대상이 약해지면 바이러스에 감염돼 전염될 가능성이 높아진다.

예를 들어, 사람들이 무언가를 절실히 필요로 하는 상태라면, 약해진 상태다. 냉정하고 교묘하게 들릴 수 있지만, 만약 당신이 질병, 고통이나 불안감을 느끼는 사람들을 생각해보면, 그 사람들은 약해진 상태로 그러한 약점을 다루는 마케팅 메시지에 더욱 예민해진다.

나의 체지방 단계는 다양한 레벨의 피트니스로 오르락내리락했다. (이 책을 쓰고 있는 지금은 아주 좋은 상태다.) 과체중일 때 나는 체중 감량법에 대한 아주 터무니없는 제안에 반응했다. 몸이 좋아진 상태에서는 똑같은 제안의 어설픈 마케팅에 웃음을 터트렸을 것이다.

앞에서 언급된 많은 제안 강화 방법 중 상당수는 잠재 고객을 약화시켜 메시지에 더욱 민감하게 만든다.

복제 속도

사람들은 제품에 대해 얼마나 적극적으로 이야기를 할까? 자연스럽게 대화에 들어맞을 때만 가끔 할까, 아니면 대화 주체 자체가 제품일까?

TV 드라마 〈사인필드Seinfeld〉는 엄청난 성공을 누렸다. 성공 요인 중 하나는 바로 워터 쿨러 쇼water cooler show이다. 사무실 정수기 주변에서 사람들이 빈둥거리며 일을 안 할 때 농담이 필요했다. 지난주 사인필드의 에피소드는 자주 하는 이야깃거리였다.

그 사람들이 무슨 말을 하는지 몰랐던 다른 사람들은 다음주에 '끼어들지' 못하는 것처럼 보이기 싫었고, 반사회적인 사람으로 보이지 않으려고 사인필드의 다음 에피소드를 시청했다.

매주 새로운 에피소드가 방영했고, 각 에피소드마다 이야기를 나눌 수 있는 소소한 농담으로 가득 차 있었기 때문에 복제 속도가 엄청나게 빨랐다.

전달 효율성

공기 중에 떠다니는 바이러스는 빠르게 퍼지고 혈액 매개 바이러스는 천천히 퍼지는 걸 기억나는가?

말은 마케팅 바이러스의 공기 매개 전달 메커니즘이다. 말은 공기 중에, 심지어 전자들electrons 사이에서도 믿을 수 없는 속도로 퍼져나간다.

테스트해 보고 싶은가?

그럼, 당신 옆 사람에게 테레사 수녀Mother Teresa라는 역사적인 인물의 존재에 대해 알려줘라.

잠깐! 그러기 전에, 전달 메커니즘을 선택하자.

다음 두 가지 중에 하나를 선택할 수 있다.

A. 테레사 수녀 사진

B. 그냥 '테레사 수녀'라고 말하기

'어, 잠깐만. 내가 사람들에게 그분 사진을 보여주면, 빠르겠지?'

그럴지도 모른다, 하지만 이 질문을 하고 싶다.

당신은 테레사 수녀 사진을 가지고 있는가?

없다.

하지만 당신에게는 언어 구사 능력이 있고, 옆 사람도 그리고 다음 사람도 마찬가지다.

독성 측정법

이 모든 것이 멋지게 들리지만, 마케팅에 상당한 영향을 미치고 싶다면 어떻게 해야 하나?

모든 다양한 독성 요인에 확실하게 영향을 미치도록 노력만 하고, 결과를 있는 대로 받아들일 것인가?

그럴 수도 있고, 정말 잘한다면 아마 괜찮은 결과를 얻을 수 있을 것이다.

하지만 당신에 대해 잘 모르지만, 나는 희망과 운에 기대는 것을 좋아하지 않는다.

"조이너 중위, 희망은 행동 방침이 아닙니다." 나의 대대장은 '희망'이라는 단어를 쓰는 나를 잡을 때마다 이 유명한 군대식 속담을 늘 말했다.

시간이 지나면서, 나는 일이 내 뜻대로 되기를 바라거나 계획을 세우고, 평가하고, 결과를 얻을 수 있다는 것을 깨달았다. 나는 결합률을 높이기 위해 인터넷에서 나의 '바이럴 시스템 Viral Systerm'의 다양한 측면을 평가했다.

바이럴 시스템은 높은 독성을 염두에 두고 특별히 고안된 시스템이다.

우리는 사람들에게 영향을 줄 의도로 그 시스템을 겪어보게 했다.

아마도 인터넷에서 최초의 바이럴 시스템 예는 (현재는 없어진) 나의 '스타트블레이즈'라는 사이트였다. 스타트블레이즈는 인터넷에서 최초의 '트래픽 교환' 시스템 중 하나였다. 트래픽 교환은 사람들이 웹 사이트 트래픽(방문자)을 얻고 다른 '웹 마스터' 또는 웹 사이트 소유자와 교환할 수 있는 시스템이다. 하지만 사실 트래픽 교환 시스템은 흥미롭지 않다. 흥미로운 건 바이러스처럼 커지는 시스템 방식이다. 이 사이트는 너무 잘돼서 개설 후 6주 만에 인터넷에서 가장 많이 방문한 사이트 36위에 올랐다.

스타트블레이즈는 1994년에 전자책 대중화에 사용했던 동일한 모델의 확장에 불과했다.

인터넷에서 전자책을 대중화한 것으로 일반적으로 알려진 책인 검색 엔진 전술Search Engine Tactics은 내가 집계를 중단한 1998년까지 1,000,000번 이상 다운로드 됐다.

왜냐고?

음, 그것은 장티푸스만큼 치명적이었다. 돌이켜보면, 그 책은 내가 수많은 인터넷 마케팅 캠페인을 만드는 데 사용했던 바이럴 모델의 초기 형태일 뿐이었다. 나는 이 바이럴 모델이 훗날에 바이럴 마케팅 시스템뿐만 아니라 거의 모든 것에 응용될 수 있다는 것을 알게 됐다.

전자책에서는 정말 간단하다. 당신이 해야 할 일은 책을 쉽게 배포할 수 있는 전자 형태로 만들고 (요즘은 Adobe PDF 파일로 누구나 볼 수 있다.) 표지에 다음 문구를 넣으면 된다.

이 전자책은 원본 상태를 유지하고 PDF 파일로 전달되는 한 무료 배포하거나 판매하거나 패키지의 일부로 포함할 수 있습니다.

이 문구로 내 전자책 중 한 책이 1,000,000번 다운로드 됐고, 당신의 전자책을 그야말로 멈출 수 없는 힘으로 바꿀 수 있다.

일단 인터넷에 공개하면, 스스로 퍼질 수 있고, 몇 년 동안 계속해서 퍼질 수 있다.

입소문의 일반적 모델

입소문은 여러 단계로 나눌 수 있다. 인터넷 마케팅에 어떻게 적용되는지 살펴보고, 각 단계를 자세히 분석한 뒤, 온라인 또는 실생활에서 거의 모든 형태의 입소문 마케팅에 비유적으로 적용할 수 있는 방법을 알아보자.

입소문이 어떻게 작동하는지 살펴보자.

내가 설명한 모든 것은 인터넷에서 단 몇 분 안에 일어날 수 있다. 사람들은 우리 사이트를 방문해 우리 제품 중 하나에 대해 배우고, 몇 분 안에 소프트웨어를 설치하고 다른 사람들에게 알려 줄 수 있다.

다시 말하지만, 이 시스템은 매우 잘 작동해서 스타트블레이즈는 출시 6주 만에 인터넷에서 36번째로 가장 많이 방문한 사이트가 되었다. 검색 엔진 전술은 1백만 번 이상 다운로드됐다. 몇 년 동안 많은 제품에 동일한 시스템을 적용해서 수백만 달러의 매출을 올렸다.

입소문의 일반적 모델

프레임

(누군가는 이메일, 사이트 등에서 제품에 대해 안다.)

↓

진입점(Entry Point)

(이 부분에서 제품에 대한 상세사항과 선택권이 제공된다.)

↓

등록

(접근권을 얻기 위해 등록)

↓

표적 행동(Target Behavior)

(메시지가 담긴 전자책을 읽고, 제품을 사용하는 등의 행동)

↓

교육

(다른 사람들에게 어떻게 무엇을 말해야 하는지 배운다.)

↓

전파

(자극받은 감염자는 이제 다른 사람들에게 말한다.)

↓

새 감염자가 진입점에 진입

그리고 우리 회사는 이 분야에서 결코 혼자가 아니었다. 예를 들어 ICQ(이스라엘 회사 미라빌리스가 처음으로 개발한 인스턴트 메신저 프로그램)는 AOL에 인수되기 전에 인스턴트 메시징 소프트웨어가 1억 회 이상 다운로드 됐다. 그 업체의 메시지는 거의 같은 방식으로 퍼졌고, 그 분야에서 주요 경쟁업체 4곳이 큰 시장 점유율을 차지할 정도로 매우 컸던 새로운 범주의 소프트웨어를 출시했다.

냅스터(Napster, 인터넷 음악 공유서비스), 핫메일Hotmail, 인크레디메일Incredimial 등과 다른 많은 회사가 이와 유사한 모델로 각각 1억 명 이상의 사람들을 감염시켰다.

이를 어떻게 재생산할 수 있나?

위의 도표에서 각 단계는 바이럴 시스템의 중요한 초크 포인트(choke point, 관문)다. 마케팅 프로세스를 볼 때 분석할 수 있는 것은 그야말로 수천 가지이지만, 이러한 초크 포인트를 살펴보면 독성에 가장 큰 영향을 미치고 궁극적으로 결합률에 영향을 줄 수 있는 것에 집중할 수 있다.

사실 각 초크 포인트의 전환율(conversion rate, 사이트 방문자 중 유도한 특정 행동을 하는 방문자 비율)을 약간만 개선한다면, 이러한 개선 사항이 더해져서 전체 결합률에 누적 효과를 미친다는 것을 알게 됐다.

각 초크 포인트를 자세히 살펴보면 이 모델의 영향력이 명확해질 것이다. 여기서 알 수 있듯이 모든 바이럴 시스템이 확실한 초크 포인트가 있는 건 아니다. PDF 파일로 전송되는 바이럴 전자책의 경우 이메일 첨부 파일만으로도 친구에서 친구에게 보낼 수 있다. 가입 단계를 생략하면 프레임과 진입점이 모호해진다(친구가 첨부 파일을 보낸 이메일도 마찬가지다).

목표에 따라 이 모델은 고객 맞춤 캠페인으로 변형돼야 한다.

원하는 목표가 이메일 주소를 많이 수집하는 것이라면 가입 단계 생략을 권장하지 않는다.

단순히 기업 홍보가 목표라면 가입 단계는 필요 없다. 검색 엔진 전술은 책 홍보를 위해 처음에는 가입 단계를 사용하지 않고 권한 설명만 했다.

단계를 단순화하면 독성이 증가할 수 있지만, 모든 의사결정에는 대가와 결과가 따른다. 가입 정보를 삭제하면 독성이 증가하고 이점도 사라진다.

알겠는가?

인터넷에서 아주 효과가 있는 대표적인 바이럴 마케팅 모델을 설명하는 가상의 사례를 만들어보자.

a. 진입점 무료 전자책을 제공하는 웹 페이지 개설하자.

b. 등록 사이트 방문자는 전자책 다운로드를 하려면 정보를 제공해야 한다.

c. 표적 행동 방문자는 전자책을 다운로드해서 읽는다.

d. 교육 전자책 독자에게 정보 제공 혜택을 받을 수 있게 친구들에게 사이트를 알려주라고 안내한다.

e. 전파 독자는 친구들에게 전자책을 다운로드할 수 있는 URL을 알려준다. 친구들에게 전하는 방식과 친구들의 그에 대한 의견은 프레임을 만든다.

f. 프레임 새로운 감염자는 어떤 생각을 가지고 진입점에 들어서고, 우리는 한 바퀴 돌았다.

다시 말하지만, 모든 모델은 다르겠지만 이 특정 모델을 자세히 분석해 보자.

프레임

이것은 가장 눈에 띄지 않지만, 어쩌면 전체 과정에서 가장 중요한 단계일 수 있다.

사람들이 당신의 진입점을 보는 정신적 프레임은 그 포인트에 어떻게 반응할지에 큰 영향을 미칠 것이다.

우리가 처음 입소문에 관해 이야기했을 때, 마케팅이 형편없어도 친구의 추천이 제품 구매에 어떤 영향을 미칠 수 있는지에 대해 논했던 것을 기억하는가?

이 추천으로 제품의 마케팅을 살펴볼 수 있는 긍정적인 프레임이 만들어졌다. 그 프레임은 아주 영향력이 커서 당신의 인식을 완전히 바꾸어 놨다.

프레임은 긍정적이거나 부정적인 영향을 미칠 수 있다.

진입점

잠재 고객이 공식 마케팅 자료를 처음 접하는 지점이다.

여기서 우리는 최악의 상황을 가정하고 긍정적인 프레임에 의존해 고객을 팔아서는 안 된다. 광고 카피 검토는 일반적으로 이 단계에 집중한다.

물론, 이 진입점은 실제로 등록 전에 몇 가지 단계로 이뤄질 수 있다. 즉, 잠재 고객이 반응을 보이기 전에 여러 단계의 진입점 프로세스를 거칠 수 있다.

예를 들어, 누군가는 인터넷에서 구글 광고Google Ad Word를 클릭 후 응답을 요청받기 전에 웹사이트에서 세일즈 레터를 읽을 수 있다. 또 다른 예로, 고객은 TV 광고를 본 후 영업 사원과 통화할 수 있다. 이 진입점의 두 단계가 모두 제대로 작동해야 고객으로부터 가치 있는 것을 얻을 수 있다.

다시 말하지만, 이 초크 포인트(또는 그 문제에 대한 다른 포인트)에서 전환율을 높이면 결합률에 긍정적인 영향을 미친다.

예를 들어, 초크 포인트를 보는 사람 중 2%가 등록하면, 이 단계에 도달하는 100명 중 2명은 더 멀리 나갈 것이다.

이 진입점 전환에서 결합률이 1.01이라고 가정해 보자. 이 단계에서 전환율을 1%에서 3%로 높인다면, 결합률도 1%까지 오른다는 의미인가?

아니다!

결합률이 50%까지 급증한다는 뜻이다. 즉 50% 더 많은 사람이 당신의 시스템을 경험해서, 시스템의 전반적인 성과(결합)가 50% 증가한다는 것이다.

초기 단계에서 전환에 영향을 미치면 전체 결합에 기하급수적으로 더 큰 영향을 미친다.

등록

많은 바이럴 시스템은 이 단계를 완전히 건너뛴다.

사람들에게 접근 권한을 주기 전에 제품(무료 제품 포함)을 등록하도록 요구하는 것이 좋다. 그렇게 하면, 만약 사람들이 어느 시점에서는 바이럴 시스템을 포기할 때, 당신은 늘 그들을 대상으로 후속 조치를 할 수 있고 그래서 그들이 떨어져 나간 초크 포인트에서 전환을 높일 수 있다.

물론 이 방법이 모든 바이럴 시스템에서 항상 실행 가능한 것은 아니지만, 이 단계를 매끄럽고 위협적이지 않으며 눈에 거슬리지 않은 방식으로 바이럴 시스템에 포함할 수 있는 방법에 대해 진지하게 생각해 봐야 한다.

표적 행동

이것이 바이럴 시스템이 존재하는 유일한 이유다. 즉, 표적 행동이 없는 바이럴 시스템은 한 사람에서 다음 사람에게로 목적 없이 정보를 퍼트리는 것이다.

대부분의 기업에서 목표 행동은 판매다. 웹 기반 바이럴 마케팅 소프트웨어 시스템에서 목표 행동은 누군가가 컴퓨터에 소프트웨어(구글 데스크톱 검색 엔진, 야후 도구 모음, MSN 인스턴트 메신저 등)를 다운로드 및 설치하는 것이다. 정부 선전 캠페인에서 목표는 단순히 정보를 퍼트리는 것으로, 일반적으로 어떤 생각이나 허위정보다.

표적 행동으로서의 선전의 좋은 예는 2003년 연합군의 이라크 침공 이전에 프랑스가 미국을 상대로 펼친 선전 캠페인이다.

종전 후 사담 후세인 정부 관계자들이 석유 계약과 부패한 유엔의 석유–식량 계획(이라크가 석유 판매로 의약품과 식량을 구입할 수 있도록 한 계획) 횡령을 이용한 리베이트를 약속하며 프랑스 정부 관리들을 매수했다는 사실이 밝혀졌다.

전쟁이 시작되고 이러한 동기가 알려지기 전에 프랑스는 세계와 심지어 많은 미국 국민을 속였다. 자크 시라크 프랑스 대통령은 (후세인 정부에 무력을 행사하는 유엔 결의안 1441호에 프랑스가 서명했지만) 이라크와 전쟁을 벌이기로 한 미국의 결정이 얼마나 잘못됐고 성급했는지에 대해 격정적인 연설을 했다. 프랑스 정부의 선전 캠페인은 가슴을 뭉클하게 했고 평화에 대한 사람들의 열망에 호소했다. (비록 정부는 살인마 같은 독재자가 권좌를 지켜서 부패한 석유 계약에서 이익을 얻을 수 있도록 세계에 영향력을 행사하고 싶었지만) 표면적으로 프랑스는 자비로운 평화의 비둘기처럼 보였고, 미국은 석유에 굶주려 전쟁하려는 폭군처럼 보였다.

이 바이럴 시스템은 미친 듯이 퍼졌고, 이러한 사실이 밝혀진 후에도, 그 선전으로 세계가 미국을 바라보는 시각에 부정적인 영향을 미쳤다.

표적 행동은 그야말로 친-프랑스 태도와 반미 태도를 취하는 것으로, 미국은 물론 해외에서도 효과가 있었다.

교육

교육 단계에서는 다음 두 가지를 가르친다.

1. 고객이 말을 퍼트려야 하는 이유(인센티브, 자극제)
2. 퍼트리는 방법

스타트블레이즈 시스템에서는 매우 신중히 했다.

1. **이유** 웹사이트 트래픽을 더 많이 늘릴 수 있기 때문이다.
2. **방법** 업무를 효율적으로 마무리하는 데 사용할 수 있는 몇 가지 툴이 있다. (미리 작성된 기사, 제품 리뷰 등)

우리는 사람들이 소문을 퍼뜨리도록 동기를 부여하려는 의도를 숨기지 않았다. 인센티브와 방법을 누구나 볼 수 있는 위치에 보이게 했다.

효과는 아주 좋았지만, 솔직히 말해 이렇게 노골적이고 과장된 접근 방식은 최선의 방법은 아니다. 다른 사람들에게 당신에 대해 알리라고 고의적으로 사주하는 것은 확실히 효과가 있지만, 사람들은 멀리 떨어진 곳에서도 기획자의 사주 느낌을 받는다.

이래서 많은 네트워크 마케팅 산업 종사자들이 결국 친구가 없는 신세NFL Club, No Friends Left가 되는 것이다. 네트워크 마케터는 순전히 탐욕 때문에 사람들이 제품에 대해 말하도록 동기를 부여하고, 형편없이 물건에 대해서도 말하도록 여러 번 격려할 것이다.

사주는 불쾌한 면이 있고, 그것이 모든 프로세스를 더럽힌다.

스타트블레이즈의 경우, 인터넷 마케터 자신을 위한 서비스였기 때문에 대상 고객이 사주에 대한 내성이 더 컸다. 그래서 우리는 전체 프로세스에 대해 솔직히 밝혔고, 다른 사람이 시간 낭비를 하지 않도록 했다.

궁극적인 인센티브는 바이러스의 전파자도 모르는 것이다.

즉, 만약 사람들이 어떤 재미난 정보를 알게 되면, 친구들에게 알리려고 할 것이다. 사실, 인터넷에서 가장 널리 퍼진 것은 유머다.

그런데 잠깐만, 인센티브가 있어야 하는 거 아닌가? 친구에게 단순한 농담을 건넨 것으로 어떻게 자극이 되는가?

이 경우 인센티브는 조금 더 교묘하고 100배 더 효과적이다.

농담을 퍼트리는 사람으로서 인센티브는 친구들 앞에서 재미있고 멋있게 보이기 때문이다.

어떤 사람이 거의 모든 일을 할 때마다 (명백한 것이든, 미묘한 것이든, 무엇이든) 그렇게 하는 인센티브가 있다. 의도적으로 말하지 않는 한, 잠재 고객은 방법을 직감적으로 알 수 있다. 입을 열어 무슨 말이든 하고 퍼트린다.

이런 교육 과정은 당신이 좋든 싫든 일어나고 있다. 더 공격적인 바이럴 마케팅 캠페인에서 내가 하는 방식으로 잠재 고객을 의도적으로 교육시키지 않을 수도 있지만, 그렇더라도 여전히 잠재 고객을 교육시키고 있다.

접수담당자, 판매원, 화장실 청결 상태를 통한 기업과의 모든 상호작용은 잠재적인 입소문 인센티브를 제공한다.

만약 레스토랑 화장실이 티끌 하나 없이 깨끗하다면, 누군가는 그 점에 대해 말할 것이다.

만약 누군가가 샐러드에서 벌레를 발견한다면, 분명 화제가 될 것이다.

이 글을 쓰기 불과 한 시간 전에 나는 노트북 외장 전원 공급 장치를 판매하는 회사로부터 교육을 받았다. 배터리 때문에 내 사업 파트너의 컴퓨터는 망가졌고, 내 컴퓨터는 작동하지 않았다. 배터리를 반품하려고 하자, 회사는 우리에게 지옥 같은 불필요한 절차(red tape, 관공서에서 공문서를 매는 데 쓰는 붉은 끈에서 유래된 말로, 번거로운 형식주의를 지칭)와 의사 방해stonewalling를 겪게 했다. 우리는 부품을 반품했고, 페덱스는 반송 번호가 없다는 이유로 그 회사가 배송을 거부했다고 전화했다. 상자에 반송 번호를 적으라고 결코 말한 적이 없었다.

페덱스 담당자는 평소와는 다르게 "이 사람들 늘 이래요. 정말 성가시다니까요."라고 내게 말했다. 페덱스 직원에게서 직접 그런 말을 듣게 될 줄은 몰랐다. 틀림없이 형편없는 사람들이었다. 페덱스 직원 말에 내 의견은 말하지 않았다. 하지만 이 회사가 귀찮다는 내 생각은 굳어졌다.

조금 전에 교육을 받았냐고? 물론이다! 내가 조금만 덜 다정

212

했다면, 지금쯤 회사 이름을 말해줬을 것이다. 당연히 내 친구와 동료들에게는 이야기하고, 친구 컴퓨터를 망가트리고 결함 있는 상품의 환불을 회피하려고 한 얼간이들 이름을 밝힐 것이다.

당신에게 말하려는 나의 인센티브는 이렇게 미키 마우스 옷을 입은 채 당신의 시간과 자원을 낭비하지 않도록 해서 얻을 수 있는 만족감이다.

이 회사는 알지 못하겠지만 나를 잘 훈련시켰다.

반면, 만약 제가 그들과 함께 멋진 경험을 했다면, 그 회사가 어떻게 나에게 편리를 제공했는지를 사람들에게 말했을 것이다.

사실, 난 경쟁 업체 중 한 곳인 batterygeek.net에 갔는데, 이 업체는 같은 용량의 소형 배터리를 3분의 1 가격에 주었고, 난 어떤 문제도 겪지 않았다. 심지어 이 업체의 영업사원은 아무런 문제가 없도록 확실히 하려고 몇 가지 추가 조언을 해 줄 정도로 친절했다. 그 조언들 덕분에, 현재 휴대용 배터리로 노트북을 12시간 동안 사용할 수 있다(나에게는 매우 중요하다). 그리고 이 책에서 그들에 대해 쓰고 있다.

전파

인터넷상의 많은 제휴 마케팅 시스템의 전파는 각 사용자에게 할당된 추적 링크를 통해 기록된다.

제휴 마케팅이 무엇인지 모른다면, 인터넷에서 이 관행을 개척한 회사인 아마존닷컴Amazon.com을 한 번 보라. 친구에게 책을 추천하면, 아마존은 당신에게 커미션을 준다. 특별 추적 링크를 제공하고 사용자가 원할 때 링크를 배포할 수 있게 하면서 이뤄진다. 아마존은 이제 자신들의 시스템에 있는 사람들이 그 후에 얼마나 말했는지 알 수 있다. 신규 고객도 소개 커미션을 받을 수 있는 기회에 노출되면서 시스템은 계속 돌아간다.

보다시피, 이 단계에서 복제 속도(또는 전파 속도)를 높이면 점점 더 많은 사람이 바이럴 시스템을 겪을 것이다.

다른 사람이 당신의 비즈니스에 관해 말할 때마다 평가할 수 있는 여유는 없지만 복제 속도를 높일 수 있다.

아마존의 제휴 프로그램과 같은 인터넷 바이럴 시스템이 마케팅 프로세스에서 매우 계획적이고 아마도 생소해 보일 수 있지만, 이 모델은 거의 모든 정보의 확산에 비유적으로 적용될 수 있다.

당신은 아마 자신도 모르는 사이에 현재 여러 형태의 바이럴 시스템을 이용하는 중이다. 즉, 당신과 교류하는 모든 고객은 하나의 프로세스를 거치고, 좋은 쪽으로 혹은 나쁜 쪽으로 고객을 교육시키며, 고객은 이 정보를 다른 사람들에게 전달한다.

당신은 또한 매일 바이럴 시스템에 포함돼 있다. 하루 종일 집에 있으면 (여기에 당신의 이름을 넣어라.) 바이러스 복제 속도가 상당히 느려질 수 있다. 그러나 하루 종일 사람들 앞에 서서 주목받는 일을 하는 경우에는 복제 속도가 훨씬 빨라진다. 나중에 더 자세히 설명하겠다.

따라서 독성은 이러한 초크 포인트를 추적하고 테스트해서 독성을 측정할 수 있다. 각 단계에서 일어나는 일을 주의 깊게 조정하면 시간이 지남에 따라 더 나은 결과를 얻을 수 있다. 그리고 가장 작은 변화도 시간이 지나면 더해져서, 결합에서 생기는 작은 차이에 대한 설명할 수 있을 것이다.

바이럴 시스템에 대한 일반적인 조언

다음은 바이럴 시스템의 효과를 높일 수 있는 몇 가지 일반적인 조언이다. 잠시 후, 이 모든 것이 정말로 극적인 영향을 미칠 수 있는 방식으로 '거절할 수 없는 제안'과 어떻게 연결되는지 알게 될 것이다.

쉽게 만들기

프로세스가 불편하고 혼란스럽고 명확하지 않으면, 사람들은 별로 경험하고 싶지 않다.

조 비탈의 타코마 치프 기타 이야기가 기억나는가? 이 업체는 소비자를 위하는 방법을 몰랐고 그 결과 매출 손실을 보았다.

사람들은 온종일 산만함에 시달린다. 만약 판매를 5초라도 지연시켜서 약간의 혼란을 더한다면, 거래 성사로 이어지지 않을 수 있다.

웹사이트를 방문한 한 남성을 상상해보자. 그는 너무나 상품 구매를 하고 싶다. 신용카드를 꺼냈지만, 주문방법을 알지 못하는 거 같다. 그가 주문 버튼을 찾으려고 어설프게 사이트 아래위로 스크롤하는 동안, 아내가 저녁 먹자고 부른다.

"여보, 잠깐만, 보내기 버튼만 누르고 갈게."라고 말하는 대신 포기하고 저녁을 먹으러 가거나, 어쩌면 사이트에서 영원히 나가 버릴 것이다.

이것은 거의 모든 과정에 비슷하게 적용될 수 있다. 더 쉬울수록, 사람들은 뭔가를 더 많이 하려고 할 것이다.

단계 줄이기

내가 상담 고객에게 가장 먼저 보여주는 것 중 하나는 다음과 같은 그래프다.

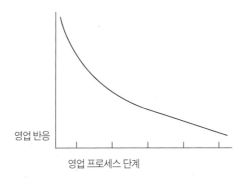

영업 반응

영업 프로세스 단계

이 그래프는 일반화된 것이지만, 요점은 이해된다. 영업 프로세스에 단계가 더 많아질수록, 반응은 더 낮아진다.

예를 들어, 내가 거래한 회사 중에는 전화 주문 후 신용카드와 운전면허증 사본을 팩스로 보내라고 요청하는 회사들이 있었다. 이런 성가신 일에 구매자로서 나는 불만이 생겼고 거래를 마무리하지 못했다. 당신도 이런 경험이 있었는가?

한번은 웹사이트에 잘 만들어진 주문 페이지를 게재하고 뉴스레터 구독자들에게 이메일 메시지로 안내하면서 이 이론을 착실하게 따랐다.

그 결과는?

우리는 디지털 제품의 판매로 단 이틀 만에 10만 달러 이상의 매출을 올렸다.

늘 일대일 상관관계가 있는 건 아니지만, 이해는 될 것이다. 거래 성사를 위해 단계를 최소화해서 핵심 포인트를 알리는 것이 가장 좋다. 10단계가 필요하면, 10단계가 있어야 한다. 분명히 반응에 중요한 단계가 있다면, 프로세스를 줄이려고 그 단계를 그냥 생략할 수 없다.

탁월하게 만들기

사람들은 주목할 만한 것에 관해 이야기한다. 분명하고 단순하지만, 가장 긍정적으로 주목할 만한 것은 탁월함이다.

인센티브에 대한 생각의 폭을 넓혀라

다시 말하지만, 인센티브는 다양한 형태를 취할 수 있다. 고객이 당신에 대해 널릴 알리도록 동기 부여를 할 수 있는 것을 창의적으로 생각해보라. 그러면 놀라운 성취를 할 것이다. 전형적인 전술은 친구에게 전할 수 있는 의미 있는 상품권이나 할인권을 고객에게 제공하는 것이다.

당신은 상품권을 주는 건 나쁘지 않다고 생각한다. 티파니에서 반지를 살 수 있는 게 아니라면 기념일에 아내에게 상품권 선물은 하지 마라.

금전적 동기는 가장 확실하지만 최악의 인센티브다

제품에 대한 소문을 퍼뜨리라고 커미션으로 동기를 부여받은 사람들은 뇌물 냄새를 맡을 수 있다. 커미션 인센티브는 효과가 있고 가장 확실한 것이지만, 제품의 결함에 대한 임시방편으로 제공해서는 안 된다.

내 친구는 최근 네트워크 마케팅 회사를 세웠고, 나를 마케팅 총책임자로 영입하고 싶어 했다. 친구의 계획을 살펴본 결과, 생각은 훌륭했지만, 사람들이 돈을 계속해서 지불할 만큼의 제품은 아니었다. (월간 구독료를 내야 했다.) 친구에게 이 점을 말했고, 그도 동의했다. 사람들이 기꺼이 가격을 지불할 때까지 계속 개선하라는 내 충고를 따르는 대신에, 홍보담당자의 욕심에 호소하기로 결정했다.

그 친구는 "맞아, 사람들은 제품 때문에 그 많은 돈을 내는 게 아니라, 커미션을 계속 받으려고 돈을 낼 거야."라고 말했다.

나는 이것이 치명적인 실수라고 생각했다. 그리고 많은 네트워크 마케팅 스타트업 기업이 저지르는 실수 중 하나이기도 하다.

난 그 자리를 거절하고 이유를 설명했다. 그는 고려해보겠다고 했고, 나는 행운을 빌었다.

현재 그 회사는 어려움을 겪고 있다. 출시 전에는 엄청난 화제를 모았지만 실제 제품과 요금제가 공개되자 유료 고객으로 업그레이드한 사람은 극소수였다.

나는 그에게 전화를 걸어 "내가 말했잖아."라고 한 적은 없지만, 상황이 어떤지 물어보는 이메일을 보냈고 무료로 도와주겠다고 제안했다. 그는 답장을 보내지 않았고, 그의 사기가 꺾였다는 말이 돌았다. (그는 분명 재기할 것이다.)

그는 소문을 퍼트리는 것뿐만 아니라 고객이 계속 돈을 내도록 하는 데 큰 인센티브로 충분하다는 탐욕에만 의존하고 있었다.

분명히 그것으로 충분하지 않다.

열광적인 고객을 대신할 수 있는 것은 없다.

다른 바이럴 시스템 연구

다른 회사에서 이 프로세스가 처음부터 끝까지 어떻게 진행되는지 알아보라.

매우 성공적이라고 생각되는 기업의 광고를 본다면, 가끔은 그 회사 고객이 돼서 그들이 하는 일을 내부에서 봐야 한다. 모든 단계를 기록하고 습득한 내용을 당신 회사에 반복적으로 적용해 결합률을 높여라.

거절할 수 없는 제안은 최고의 입소문 수단

앞에서 언급된 입소문에 관한 내용에서 다음 4가지를 크게 깨달을 수 있다.

1. (사람들의 입, 이메일 또는 인쇄물로 퍼지는) 말은 가장 효율적이고 편리하고 빠른 전달 메커니즘이다.

2. 바이럴 전파의 최고 인센티브는 진정한 열정이다.

3. 당신이 좋든 싫든 항상 바이럴 시스템의 생성과 참여에 얽혀 있다.

4. 일반적으로 당신은 자신에 관한 말은 거의 통제하지 못하지만 실제로는 영향을 미칠 수 있다.

4번째가 진짜 핵심이다. **입소문을 당신에게 유리하게 할 수 있다.**

'거절할 수 없는 제안'은 당신이 입소문의 달인이 될 수 있도록 한다.

'잠깐만, 난 거절할 수 없는 제안이 기업 아이덴티티의 일부로서 높은 ROI 제안을 만드는 것으로 생각했는데. 그게 입소문과 무슨 상관이지?'

한마디로, 모든 것이다.

한번 알아보자.

거절할 수 없는 제안의 3가지 요소를 기억하는가?

1. 높은 ROI 제안

2. 신뢰성

3. 시금석

높은 ROI 제안은 열성적인 팬을 만든다

열광적인 고객을 대신할 수 있는 건 없다고 말했던 거 기억나는가? 어떻게 고객을 기쁘게 할 것인가? 어떻게 열성적인 팬으로 만들 것인가? 그들을 현혹시킨다. 그 사람들이 기대했던 것보다 더 많은 돈을 준다. 사람들은 그것에 대해 이야기한다.

사람들이 당신에 대해 말하게 하려면, 당신이 할 일은 사람들 사이에서 눈에 띄기만 하면 된다고 일부 사람들은 말할 것이다. 나는 그 말에 동의하지 않는다. 만약 당신이 사람들 사이에서 눈에 띄고 형편없다면, 사람들은 줄곧 당신에 대해 말할 것이다. 당신이 얼마나 바보처럼 보이는지 그리고 얼마나 형편없는지에 대해서 말이다.

술책을 부리는 마케팅이 아니라 탁월한 마케팅으로 열성적인 팬이 생긴다.

그리고 열성적인 팬은 전염성이 있다.

열성적인 팬은 복제 속도가 높고 전달 효율성이 매우 높다. 목표 대상이 친구로부터 메시지에 대해서 듣게 되면 그에 대한 면역력이 급격히 낮아진다는 점을 기억하라.

면역력을 없애는 또 다른 방법이 있다.

신뢰성은 면역력 킬러다

숙주가 바이러스에 면역성이 있으면 바이러스는 퍼지지 못한다.

잠재 고객은 보통은 불신 때문에 마케팅 메시지에 면역이 될 수 있다는 점을 기억하라.

앞에서 설명한 것처럼 신뢰성이 높으면, 잠재 고객의 불신은 줄어들 것이다.

궁극의 바이러스인 시금석
[최고의 프로그램이 있는 최후의 전달 수단]

바이러스에는 프로그램과 전달 메커니즘이라는 두 가지 중요한 측면이 있다는 걸 기억하자.

요약하자면, 프로그램은 (복제 속도에 따라 결정되는 비율로) '자기 복제'를 하고 '다른 것'을 하는 것이다. 다른 것은 무엇이든 될 수 있다.

만약 당신의 '다른 것'이 의미 있는 것이라면, 어느 정도 영향이 있다.

전달 메커니즘은 독성을 다소 촉진하는 메커니즘이다.

궁극의 바이러스를 만든다면, 다음과 같을 것이다.

1. 매우 빠른 복제 속도

2. 바람처럼 떠다니는 전달 메커니즘

3. 강력한 프로그램

바이러스로 단순히 감기에 걸리면 그 충격은 크지 않지만, 탄저병에 걸리면 그 충격은 엄청나다.

당연히 마케팅 바이러스도 이러한 특성이 있다.

시금석은 가장 쉽게 전달되는 신속하고 짧고 기억에 남는 문장이다. 또한 시금석이 재미있으면 빠른 속도로 전달된다. 당신이 어느 정도 나이가 있다면, 분명 당신은 '30분 배달 보증제'와 '1센트에 CD 12장'에 대해 여러 번 이야기했을 것이다. 그

것 또한 강력한 프로그램이다.

그리고 이것이 가장 중요한 점이다.

사람들은 아마도 언젠가 당신에 대해 이야기할 것이다. 당신이 직접 하지 않는다면, 이런 대화는 좋을 수도 있고 나쁠 수도 있다. 하지만 그 말을 듣는 사람들에게 궁극적인 메시지를 전달하는 짧은 밈 같은 문장(시금석)을 제시한다면, 당신은 그 프로세스를 완전히 통제하는 데 성공한 것이다.

일부 시금석은 워낙 굳어져서 기업이 사용을 중단한 후에도 계속 남아있다.

도미노 피자에 대해 이야기할 때, 늘 언급되는 건 무엇이었는가?

"30분 배달 아니면 공짜."

피자를 주문하고 싶을 때 급할 때, 누군가 추천하지 않은 적이 있었나?

"30분 배달 아니면 공짜."

모임에서 피자가 늦게 와서 공짜 피자를 먹은 사람에 대해 이야기를 들었던 적이 있었나?

"30분 배달 아니면 공짜."

"30분 배달 아니면 공짜."에 대해 생각하지 않고서는, 도미노 피자를 생각할 수 없다.

이것이 시금석의 힘이다. 이것이 없었다면, 도미노에 대한 입소문은 어느 방향이든 퍼졌을 것이다. 하지만 그 기업은 우리의 마음을 사로잡아 지배했고, 입소문 프로세스를 완전히 장악했다.

이 시금석은 상당히 계속됐기 때문에, 그와 연관 지을 수 있는 다른 정보들은 거의 묻혔다. 그리고 너무나 잘 만들어진 시금석이기 때문에, 뇌리에 깊이 박힌 도미노 관련 정보는 위험을 반전시키고, 신뢰를 구축하고, 호기심을 유발하고, 입소문을 불러일으키고, 판매를 유도하는 순금 덩어리다.

만약 사람들이 퍼트리는 당신에 대한 정보가 이 모든 것을 다할 수 있다면 엄청날 것이다.

왜 다른 전달 매체는 안 되는가?

이 시점에서 나는 당신이 시금석의 힘에 열광할 필요가 있는지 의구심이 든다. 거절할 수 없는 제안 마케팅을 확실히 하기 위해, 몇 가지를 살펴보자.

이미지는 왜 안 되는가?

이미지는 한눈에 의미를 전달할 수 있다. 말 한마디 하지 않고도 사람들에게 이미지를 보여줄 수 있고, 사람들은 바로 무언가를 배울 것이다.

이미지가 그렇게 효율적이라면, 왜 시금석 대신 쓰지 않는가?

당신은 적당한 이미지를 가지고 다니지 않는다.

공기로 감염되는 바이러스와 혈액으로 감염되는 바이러스의 차이와 같다. 공기 중에 떠다니는 바이러스가 훨씬 더 빨리 더 효율적으로 퍼진다.

잠깐만. 사람들이 주머니에 마케팅 메시지가 담긴 이미지를 넣고 다니지 않는다는 말은 맞다. 하지만 브랜드 제품을 사용하지 않는가?

브랜드는 왜 안 되는가?

우리는 분명 마케팅 메시지가 담긴 이미지를 걸친다. 우리 대부분은 (옷을 입거나 액세서리를 착용하면서) 매일 이렇게 한다. 우리는 또한 브랜드 차를 운전하고, (공과 배트 등으로) 스포츠를 즐기고, (기타, 피아노 등으로) 악기 연주를 한다.

기업의 마케팅 메시지 전파에 훨씬 더 좋은 방법이 아닌가?

휴대용 물품의 로고 브랜딩이 비즈니스에 매우 긍정적인 영향을 미칠 수 있다는 것은 부인할 수 없지만, 바로 눈에 띄지 않는 몇 가지 단점이 있다.

첫째, 브랜딩은 시간이 걸린다.

당신이 새로운 의류 회사를 차렸다면, 사람들은 그 브랜드를 바로 알아보지 못할 것이다. 사실, 브랜드를 의식하는 사람들은 당신의 브랜드를 보고 '멋진 사람들이 이 옷을 입어.'라고 인정할 때까지 회의적으로 굴 것이다.

한 번에 그래픽 브랜드 아이덴티티를 형성할 수 없다. 시금석을 이용해 어느 순간 메시지를 완전히 장악할 수 있다.

둘째, 연관성에 대한 통제력이 거의 없다.

사람들마다 브랜드 의미가 다르다. 〈섹스 앤 더 시티Sex and the city〉(미국 HBO 드라마)를 보고 프라다를 최고의 패션이라고 떠올리는 몇몇 사람들을 안다. 다른 친구들은 전혀 다른 것과 연관 짓는다.

게다가 어떤 브랜드를 처음 접하는 사람이 그 브랜드를 입는 사람이 매력적이지 않거나 멋지지 않다고 생각한다면, 그 로고는 매우 다른 의미가 될 것이다. 그 연관성은 심지어 절묘하지 않을 수도 있다. 당신한테서 일거리를 뺏어간 한 사람이 프라다 신발을 신었다면, 그 브랜드가 다시 매력적으로 보이기 전까지 당신은 어쩌면 〈섹스 앤 더 시티〉를 많이 봐야 할 것이다.

다시 말하자면, 시금석을 이용하면 단어 선택에 따라 의미가 바로 전해진다. 그것만큼 요란한 건 없을 것이다.

셋째, 메시지는 모호하다.

물론 당신은 아르마니Armani 정장을 좋아할 수 있지만, 그 브랜드는 당신에게 정말 어떤 의미인가? 어쩌면 그 브랜드에 대해 막연하게 떠오르는 여러 가지 생각들이 있을 것이다. 하지만 그것을 쉽게 말로 표현할 수 있는가?

시금석에는 모호함이 없다.

넷째, 모두가 올바른 비즈니스를 하지 않는다.

일부 기업은 시각적 로고를 공격적으로 펼치려고 한다. 의류, 자동차, 운송 수단을 보유한 회사 등 이 모든 기업들은 훌륭한 브랜딩 기회가 있다.

당신의 비즈니스는 어떤가?

기회가 있어도 브랜딩이 그렇게 간단하지 않을 수 있다.

'브랜드화하지 말라.'라는 뜻은 전혀 아니다. 거절할 수 없는 제안이 당신 브랜드의 아이덴티티가 되어야 한다는 말이다.

만약 로고가 있다면, 사람들이 그것을 볼 때 당신의 시금석을 떠올려야 한다.

사례 연구: 브랜드가 된 시금석

렉서스는(Lexus)는 당신에게 어떤 의미인가?

많은 것을 의미할 수 있지만, 아마도 '저렴하다'도 아니고, '도요타'도 아닐 것이다. 도요타는 믿을 만한 자동차 제작업체지만 고급 자동차 시장에서는 전혀 기반을 구축할 수 없었다. 믿을 수 있고 실속 있는 자동차를 만드는 회사로 자리 잡은 이후에는 별로 신뢰를 얻지 못했다.

그렇다면 도요타는 어떻게 했나? 천재적인 생각을 발휘해 렉서스를 만들었다.

렉서스가 갑자기 등장했을 때, 그들은 자신들 앞에 힘든 일이 있다는 것을 알았다. 고급브랜드로 보이길 원했지만, 시장에 고급 브랜드가 거의 없고 모두 수년 전에 나왔다면 그렇게 보이길 어렵다는 것도 알았다.

그래서 도요타는 고급스럽게 들리는 이름을 생각해 냈고 광고에 영국 배우를 발탁했으며 (미국에서는 항상 유럽 억양을 가진 사람이 더 세련됐다고 생각하는 것 같다.) 훌륭한 시금석을 만들었다.

"3만 달러로 고급 자동차와 그 이상을 가지세요."

훌륭했다. 렉서스는 적당한 고급 브랜드였지만 시금석으로 '적당한'이라는 낙인을 없애고 고급 브랜드로 확고히 자리 잡았다.

나는 아직 렉서스로 바꾸지 않았지만, 아직 메르세데스(Mercedes)를 고급 브랜드로 인지하지 못하는 젊은이들은 렉서스라는 브랜드에 열광한다. 그들에게는 단순히 하나의 고급 브랜드일 뿐이다.

오래된 밈은 왜 안 되는가?

밈이 세상에서 가장 효율적인 의사소통 형태라면, 일을 마무리하기 위해 오래된 밈을 사용하는 것은 어떤가?

시금석이 밈이라는 건 알지만, 아주 중요한 건 밈이라는 것이 사실인가?

그렇지 않다. 밈은 무엇이든 의미할 수 있다. 밈을 만들어 사실상 거의 모든 메시지를 전달할 수 있다.

갑자기 무턱대고 기업을 대표하는 밈을 만든다면, 도움이 안 되는 메시지나 이미지를 해칠 수 있는 메시지를 보낼 수 있다.

밈은 또한 의미가 모호할 수 있다. 어떤 밈은 완전한 뜻을 이해하기 위해 해석이 필요할 수도 있다.

시금석은 당연히 정확한 메시지를 전달한다. 바로 전달할 수 있다. 모호하지 않다.

이 책을 읽는 목적이 제품이나 서비스의 마케팅 품질을 향상시키는 것이라면 바로 처음으로 돌아가 이 책을 다시 읽어야 한다.

이번에는 사전계획을 세우자. 필기를 하고, 이런 원칙을 비즈니스에 어떻게 적용할 것인지 정확히 계획해보라.

제품을 바꿔야 하는가? 바꿔라.

다른 것들은 다 준비했는데 훌륭한 시금석이 필요한가? 어서 적어라!

지금 이 책을 읽는 99%의 사람들은 이걸 알아도 아무것도 하지 않을 것이라는 걸 확실하게 말할 수 있다.

나는 한 세미나에서 이 점을 설명한 적이 있었다.

참석자들에게(그날 참석자는 700여 명이었다.) 나폴리언 힐(Napoleon Hill, 미국 작가)의 『생각하라 그리고 부자가 되어라Think and Grow Rich』라는 책을 들어본 적 있는 사람은 일어나달라고 했다. 강의실 내 모든 사람들이 일어났다. 나는 그때 책을 읽지 않은 사람들을 앉으라고 했다. 약 95퍼센트는 계속 서 있었다.

대단하지 않은가! 난 인생을 바꾸는 책 중 한 권을 읽은 그 사람들을 칭찬했다. 그러고 나서 "그 책에 나온 원칙을 따르면 여러분이 상상 못 할 정도로 부자가 되고 성공할 수 있다고 생각하지 않는다면, 바로 앉아주세요."라고 말했다.

모두가 그대로 서 있었다.

나는 다시 말했다. "좋아요, 여러분들은 힐의 원칙을 따르면 실제로 여러분이 원하는 대로 성공을 얻고 돈이 생길 거라고 생각해요?"

모두가 그대로 서 있었다.

그러고 나서 난 그 사람들을 조금 놀라게 했다. "페이퍼백 버전으로 38페이지에 '자신감 공식'이라는 말이 있어요. 힐은 자신의 책을 보고 성공하려면 적어도 하루에 한 번은 이 공식을 되새김하라고 했어요. 여러분 모두는 그 책으로 부자가 될 것이라고 생각하니까, 분명 여러분 중 한 명은 나와 함께 여기서 '자신감 공식'을 말할 수 있을 거예요. 못 한다고 생각한다면, 앉으세요."

모두가 조용히 앉았다.

나는 아무 말도 할 필요가 없었다. 그곳에 1분 동안 앉아서 사람들이 깨닫도록 내버려뒀다.

그 후 나는 우리 모두가 알고 있는 것을 말로 표현했다. "여기 있는 모든 사람들은 그 사람 책대로 하면 부유해지고 성공할 것이라고 믿지만, 실제로 따르는 사람은 아무도 없어요. 왜 그럴까요? 오늘부터 달라져 봐요. 지금 당장 행동으로 옮겨요."

그때 이 설명을 들은 대다수의 사람들은 현재도 여전히 그대로일 것이라고 확신한다.

그들 중 몇 사람은 달라져서 실제 행동으로 옮기기 시작했을 수 있고, 그런 사람들이 가장 성공했을 거라고 확신한다.

성공의 가장 중요한 열쇠 중 하나를 나타내는 세 마디로 된 말은 '끈질기고 집중적인 행동'이다.

어떤 행동이 당신을 원하는 목표로 이끌 것인지(집중) 파악해야 하고, 그 행동을 끊임없이 해야 한다(끈질기게).

만약 당신이 이 순간에 이런 정보를 실제로 적용하기로 선택했다면, 99%의 동료들보다 앞선 것이다.

이 책을 그냥 내려놓고 잊어버리지 마라. 다시 읽고 행동 계획을 세워라. 그리고 그 행동 계획을 가차 없이 실행하라.

그것이 당신이 이번 인생에서 괄목할 만한 성공을 거둘 수 있는 유일한 방법이다.

마크 조이너

추신: 만약 이 책을 읽는 목적이 비즈니스 분야 밖이라면, 부록 A를 먼저 읽어라.

어쩌면 당신은 어떻게든 자신을 홍보하고 싶을 것이다.

누가 자신을 알리고 싶을까?

훌륭한 학생, 남편, 영업사원, 아내, 부모와 자식, 형제, 자매, 친구, 그리고 선생님이 되고 싶은 사람들 것이다.

그렇지 않으면, 부록 A는 읽지 않아도 된다.

3초 안에
자기 홍보하기

지금까지 이 책은 제품과 서비스 판매 비즈니스에 적용되는 '거부할 수 없는 제안'에 초점을 맞췄다.

우리 모두는 항상 판매에 관여하며, 한 물건을 파는 핵심 이론이 다른 물건 판매에 적용되는 것은 당연하다. 영업마다 미묘한 차이가 있겠지만, 피자를 팔든 미래의 친구로서 자신을 홍보하든 같은 '4가지 핵심 질문'에 답해야 한다.

자, 당신은 이렇게 생각할지도 모른다. "절대 나를 팔지 않을 거야! 끔찍해! 너무 얄팍한 생각이야. 제품은 팔겠지만, 날 홍보하라고? 절대로 안 해!"

그럴지도 모르지만, 몇 가지 질문으로 그것이 정말 사실인지 확인해보자.

일자리에 지원한 적이 있는가?

입학 지원한 적이 있는가?

이성의 환심을 사려고 노력한 적이 있는가?

당신이 고른 영화를 보러 가자고 친구들을 설득해 본 적이 있는가?

당신이 옳다고 누군가를 설득해 본 적이 있는가?

이런 질문들 중 하나라도 '네'라고 대답했다면, 당신은 영업을 목적으로 하고 있는 것이다.

그걸 하고 있다면, 왜 잘하지 못할까?

우리가 팔고 있는 것이 무엇이든 상대방에게 좋다고 생각한다면, 조금 더 잘 파는 방법을 배운다고 나쁠 것이 있겠는가?

이 말에 동의한다면, 이어지는 내용은 당신을 위한 것이다. 동의하지 않는다면, 더 이상 읽을 필요가 없다.

하나의 비유인 거절할 수 없는 제안

때로는 전혀 상관없어 보이는 이론을 비유적으로 응용하면 매우 유용한 통찰력이 생긴다.

일반적으로 군사 전술과 전략을 비즈니스에 비유로 적용한다. 그래서 『손자병법』을 군 간부들뿐만 아니라 하버드 경영학 석사들도 읽는 것이다.

사실 최근에 나온 내 책의 상당 부분은 비즈니스 이론을 설명하기 위해 군사적 비유를 썼다.

한 가지 예를 들면, 가장 중요한 군사 원칙 중 하나는 기습이다. 즉, 상대방을 기습할 수 있다면, 상대방은 계획 능력이 사라지고 혼란스러운 정신 상태에서 대응할 것이다.

기습의 전술적 이점을 얻기 위해 정교한 속임수가 종종 계획된다. 예를 들어, 2차 세계 대전에서 패튼 장군을 도버에 있는 가상의 탱크 사단을 지휘하도록 보내서, 노르망디가 아닌 파드칼레Pas de Calais를 거쳐 프랑스를 공격할 것이라고 독일군이 생각하도록 속였다.

군대 역사는 그러한 속임수로 가득 차 있다. 이와 똑같은 전술적 원칙을 비즈니스에도 적용할 수 있다. 마이크로소프트와 애플 갈등의 역사에서 기습의 훌륭한 예를 찾을 수 있다.

마이크로소프트는 IBM 개인 컴퓨터용으로 최초의 표준화된 디스크 운영 체제DOS를 만드는 것으로 시작했다. 사실 직접 만든 것이 아니라 사들였다. 하지만 그건 다른 이야기로 그 자체로도 살펴볼 가치가 있다. DOS는 오늘날 우리에게 익숙한 그래픽 운영 체제와 매우 다른 명령줄command line 운영 체제였다.

개인용 컴퓨터 사업에서 주목할 만한 경쟁업체는 애플이었다. 제록스Xerox에서 마우스와 그래픽 사용자 인터페이스Graphic User Interface, GUI 기술을 아주 교묘하게 제로 코스트zero cost로 사들인 후, 애플은 IBM/마이크로소프트 플랫폼이 더 이상 위협이 되지 않는다고 생각했다.

마이크로소프트는 매킨토시Macintosh에서 작동되는 소프트웨어를 만들었고, 애플은 자신들이 우세하다고 생각했다. 결국 맥은 GUI 기반 운영 체제와 이 운영 체제가 작동되는 컴퓨터를 소유했다. 마이크로소프트는 무엇보다도 IBM 장비에서 실행되는 하급 명령행 운영 체제를 만든 소프트웨어 개발 회사일 뿐이었다.

빌 게이츠는 맥에서 실행되는 소프트웨어를 만드는 평범한 사람으로서 제 역할을 다했다. 스티브 잡스 애플 최고경영자는 위협이 있을 거라고는 생각지도 못했다.

그러나 비밀리에 빌 게이츠는 중요한 프로젝트를 계획하고 있었다. 마이크로소프트 윈도우였다. 이것은 IBM 장비에서 실행되는 GUI 기반 운영 체제였다.

잡스는 너무 늦게야 이 일을 들었다. 어느 날 밤늦게 잡스가 게이츠를 사무실로 불러 무슨 일을 하고 있는지 물어보는 유명한 만남이 있었다. 게이츠는 별거 아니라고 설명했다. 맥과 경쟁하는 어떤 것을 만들 뜻이 없고, 결국 윈도우는 실제로 운영 체제가 아니었고, DOS에 실행되는 조금 색다른 것일 뿐이라고 했다.

그리고 그 말은 잡스가 완전히 넘어간 속임수였다. 우리 모두는 기습 전술 사용의 최종 결과를 안다. 빌 게이츠는 세계에서 가장 부유한 사람이 되었고, 애플은 상대적으로 (예술가, 음악가 및 자신에 대해 특별함을 느끼고 싶어 하는 사람들을 겨냥한) 작은 틈새시장의 컴퓨터가 되었다.

잡스를 무시하는 것은 아니다. 그는 분명히 선견지명이 있었고, 애플 제품을 모두 하나로 묶는 것은 정말 인상적이다.

하지만 게이츠는 말 그대로 (다른 군사 원칙을) 능가해서 잡스를 놀라게 했다.

보다시피, 군사 원칙을 비즈니스에 비유적으로 적용한 결과는 놀랍다. 이번 사례는 역사상 가장 놀라운 결과일 것이다.

비즈니스 세계가 전쟁터와 많이 유사하기에 효과가 있다. 즉, 누군가를 설득해 제품 구매를 하든, 특정 영화를 보든, 함께 집에 가든, 여전히 당신은 설득력이 있으며, 동일한 개념이 비유적 차원에서 적용된다.

자, 만약 당신이 이 챕터의 시작 부분을 진정 이해한다면, 나머지 부분은 필요 없다.

거절할 수 없는 제안을 정말 모든 형태의 '판매'에 비유적으로 적용하면, 아주 흥미로운 결과를 얻을 수 있다.

사실, 나는 다른 방식으로 책을 다시 읽어 보기를 강력히 추천한다. 즉, 연애에 비유해서 책을 한번 읽어보면 얼마나 흥미로울까? 어떤 종류의 통찰력을 찾게 될까?

자녀에게 더 영향력 있는 부모가 되려고 책을 읽는다면 어떨까? 이 생각을 어떻게 적용하겠는가?

보다 쉬운 변형에 사용할 수 있는 몇 가지 실마리들을 추가로 소개하겠다.

3초

제품이나 서비스와 마찬가지로 사람들은 약 3초 안에 당신을 판단할 것이다. 사람들은 당신을 만난 후 처음 3초 안에 수천 가지 판단과 관찰을 하고 몇몇 결론을 내린다.

당신은 좋은 잠재적인 친구처럼 보이는가?

친절한 사람인가?

연인이 될 수 있는가?

사람들이 당신을 믿을 수 있나?

그 차를 좋은 가격에 줄 수 있는가?

당신이 적절한 방법으로 자신을 알린다면, 3초 안에 성공하거나 기회를 날릴 수 있다. 이 짧은 시간을 적절하게 이용하는 방법을 아는 사람은 거의 없다.

결과가 어찌 되건, 우리 뜻대로 되지 않으면, "가능성이 없어."라고 말한다.

아니다, 가능성이 있다. 이제, 기회를 만들어보자.

4가지 핵심 질문

4가지 핵심 질문을 기억하는가? 누군가가 당신을 처음 만나고 속으로 똑같은 질문을 하고 있다고 상상해보자. 우리 중 누구도 우리가 만나는 사람들을 이러한 기준으로 판단할 정도로 천박하다고 생각하고 싶지 않겠지만, 내 말은 사실이다.

당신이 사람들을 이런 식으로 판단하지 않는다고 생각한다면, 이렇게 생각하는 천박한 사람들보다 좋은 사람이고 다른 사람들을 대하는 방법을 배우는 중이라고 잠깐 생각해 보자.

이 방법이 당신에게 적용되는지 아닌지는 당신과 당신의 치료사 사이의 문제다.

당신과 마크 조이너 사이에는 어떻게 하면 이런 식으로 생각하는 사람들과 더 잘 어울릴 수 있는지가 문제다.

자, 4가지 핵심 질문을 살펴보자.

1. 나에게 무엇을 팔려고 하는가?
2. 얼마인가?
3. 나에게 무슨 이득이 있나?
4. 왜 당신을 믿어야 하나?

똑같은 질문이 적용된다고 생각하는가? 한번 알아보자.

나에게 무엇을 팔려고 하는가?

모든 사람은 자신만의 기준이 있다. 무의식적으로, 사람들
은 이 기준을 알고, 당신을 지켜본다.

어떤 사람들은 하나의 관계에서 무엇을 원하는지에 대해 솔
직하게 밝힌다. 종종 사람들은 어떤 일을 가장해서 다가오며
("네 친구가 되고 싶어.") 당신은 나중에야 그들이 사실 다른 것을
원했다는 것을 알게 된다("네 여동생에게 날 소개해 줄래?").

당신이 관계에서 원하는 것에 대해 솔직하게 말한다면, 자
기 자신이 아닌 무언가가 되려고 하는 데에 시간을 낭비하지
않는다.

만약 당신이 영업사원이고 제품에 대해 정직하다면, 제품에
어울리지 않는 잠재 고객들을 빠르게 정리하고, 어울리는 잠
재 고객들을 찾을 것이다.

만약 시내에 있을 때, 정말로 원하는 것은 가벼운 섹스를 할
사람이지만, 배우자감을 찾는 것처럼 행동한다면, 당신은 정
교한 속임수를 짜고 원하는 것을 얻기 위해 많은 시간을 낭비
하는 것이다.

반면 당신이 원하는 것을 솔직하게 밝힌다면, 배우자를 찾는 사람들을 정리하고 당신과 같은 것을 원하는 사람들을 찾을 것이다.

당신이 팔지 않는 것을 팔려고 하는 척하는 데 당신은 인생을 얼마나 허비했었나?

사람들을 속여서 처음에는 판매했겠지만, 분명 두 번째 잔은 팔지 않았을 것이다. 만약 그렇게 했다면, 당신과 당신의 고객 모두에게 참담한 두 번째 잔이 됐을 것이다.

얼마인가?

무엇을 팔든 그 답례로 돈을 요구하는 것은 아닐지 모르지만, 항상 대가가 따른다.

작가로서, 항상 사람들은 원하지 않는 것을 원하는 척하면서 나에게 다가온다.

예컨대, NLP(Neuro Linguistic Programming, 신경 언어 프로그래밍) 전문가 한 명이 나를 찾아와서 책 홍보를 돕고 싶다면서 서툴고 어설프게 온갖 말을 구사했다.

나는 그 사람이 원하는 것을 알아내려고 애쓰고 그는 계속 그 질문을 피하는 길고 고통스러운 대화에서, 그는 내 책을 홍보할 생각이 전혀 없었지만 내 구독자들에게 자신의 제품 하나를 홍보해 주기를 원한다는 것이 너무나도 명백해졌다.

그와 대화를 한다고 내 시간을 아주 많이 허비했다. 그 거래의 비용은 나에게 아무런 보답도 없이 높았을 것이다.

당신은 외모가 이상형인 아름다운 상대에게 끌릴 것이다. 마음이 착하고 쾌활해 보여서 당신을 웃게 만들고 자존심이 올라간다. 그 후 상대방에 대해 알면 알수록, 시간이 지날수록 당신에게 많은 고통과 괴로움을 안길 감정의 응어리가 그 사람에게 있다는 것을 알게 된다. 나중에야 상대는 겉으로 보이는 모습과 다르며 당신의 시간을 완전히 낭비했다는 걸 깨닫게 될 것이다.

그것이 비용이다.

상당한 감정적 에너지를 소모하지 않아서 당신을 상대하는 비용을 낮출 수 있다면, 아마도 당신의 제안을 더 거부할 수 없을 것이다.

제안은 수상쩍은 설득의 해독제다

항상 제안의 관점에서 상황을 분석하면 매번 데는 걸 막을 수 있다.

어떤 사람들은 온갖 교묘한 말과 설득 전술로 당신을 속여 불공평한 거래를 하려고 한다.

보상의 관점에서 제안을 보면 매번 이 점을 간파할 수 있다. 수상한 중개인은 당신이 대가로 무엇을 얻는지 또는 그의 의도에 대해 솔직하지 밝히지 않을 것이다. 그 사람은 당신이 자신을 믿어야 한다고 넌지시 말하게 하려고 할 것이다. 만약 당신이 질문한다면, 그는 보통 화를 내기 시작할 것이다.

넌지시 전한 말에 답하려고 할 때 그는 이렇게 말할 것이다. "아, 오해하셨네요. 그런 약속한 적 없는데요."

그리고 표면적으로는 그의 말이 맞다. 그는 약속하지 않았다. 당신은 확실한 제안을 요구하지 않았고, 어떤 식으로든 속은 것은 사실 당신 잘못이다. 그렇다고 해서 그 사람이 나쁘지 않다는 건 아니지만, 자신을 지키는 건 당신 책임이다.

나는 항상 사람들에게 두 가지 질문 중 하나 혹은 둘 다 물어본다.

"정확히 무엇을 거래하는 거죠?"
"당신의 제안은 뭔가요?"

확실한 제안을 받지 못했다면, 도망쳐라!

때로는 명확한 제안을 하지 않은 사람들이 모두 나쁜 사람은 아니다. 그 사람들은 그저 혼란스러울 뿐이다. 그리고 그 사람들이 당신의 비즈니스에 미치는 영향도 그만큼 안 좋을 것이다.

어떤 제안인지 알아보고, 다음 기준을 충족하는 거래가 아니라면 받아들이지 마라.

1. 공정한 보상이거나 윈-윈이어야 한다.

때때로 사람들은 일방적인 거래를 부추긴다. 만약 당신이 이득을 얻지만, 상대를 그렇지 못한 거래를 하게 된다면, 당신이 이익을 본다고 생각할 수 있겠지만, 실제로는 그렇지 않다. 상대방은 그 점에 대해 화가 나고 완전히 당신을 비방하거나 화를 내며 특권의식을 부릴 것이다. 감정이 상했기 때문에 정당한 보상을 원하는 것이 아니라 더 많은 것을 원할 것이다.

2. 당신의 목적에 부합해야 한다.

나는 한때 우정 때문에 또는 상대방의 감정을 상하게 할까 봐 거래해야 한다는 의무감을 느꼈다. 항상 그런 행동을 후회했고 결국 거래를 취소하거나 과도한 업무에 쩔쩔매면서 별로 성과를 내지 못했다.

거래를 거절하는 것은 전혀 잘못한 게 아니다. 다른 사람들이 계속 고집 부리거나 화를 낸다면, 그 사람들 문제다. 당신은 그들의 심리학자가 아니다. 공평한 제안을 받았더라도, 당신의 전반적인 삶의 목적이나 목표에 도움이 되지 않는다면, 공평한 제안이 아니다. 그저 시간 낭비일 뿐이다.

만약 여러분이 호의를 베푸는 것이 행복하다면, 다른 이야기가 되겠지만, 호의를 베푸는 것조차 공짜가 아니라는 것을 기억하라. 당신은 아마도 그 대가로 무언가를 기대할지 모른다. 자, 만약 당신의 전반적인 목표나 목적이 뭔지 모른다면, 앉아서 빨리 알아내야 한다. 비즈니스, 우정 등 인생에서 무엇을 원하는지 모른다면 계속해서 시간을 뺏기는 것이다.

3. 올바른 결정이라는 직감이 들어야 한다.

이 규칙에 대해서는 합리적으로 설명할 수 없다. 나에게 물어본다고 해도, 미신 같은 헛소리로 들릴 것이다. 하지만 내 직감에 따르지 않을 때마다 곤란해졌다고는 주저 없이 또는 예외 없이 말할 수 있다.

내가 몇 년간 이야기를 나눴던 많은 진정한 비즈니스 전문가들도 같은 말을 할 것이다. 우리들 중 많은 사람들은 공개적으로 인정하기보다 직감에 넌지시 더 많은 가치를 둔다. 직감이 말하는 것에 귀를 기울이고 따르는 것을 배워라. 잠시만 시간을 내서 이렇게 해 보라. 작은 일부터 해 보고 당신의 직감에 대한 신뢰가 쌓일수록, 더 큰 일에서도 그 직감을 믿을 수 있을 것이다.

나에게 무슨 이득이 있나?

친구나 연인으로서 누군가에게 어떤 도움을 줄 것인가?

자, 당신은 누군가의 연인이 되고 싶다. 거리에서 누군가가 당신에게 이런 제안을 한다면 당신 자신에게 무엇이라고 말하겠는가?

당신은 자신이 얻을 수 있는 이점에 대해 분석하고 평가할 것이다. 자, 그러면 아마도 외모나 다른 얕은 잣대로 사람들을 판단하지 않을 것이다. 아마도 진심 어리고 정직하며 안정적인 사람들을 선호할 것이다. 바로 그것이 당신이 이득을 얻는 방법이고, 당신이 얻는 이득이다. 이런 기준을 충족하면 그 제안을 받아들일 가능성이 높다. 이득이 없다면 거절할 것이다.

왜 당신을 믿어야 하나?

자, 그럼 이제 당신이 사람들이 원하는 걸 제공한다. 비용이 많이 드는 거 같지 않다. 당신에게 아주 멋질 것 같다.

그 후 그 제안이 보이는 것과는 다를 거 같아서 가슴이 철렁 하는 느낌이 든다.

당신은 살면서 많은 거래를 성사시키지 못하게 하는 신뢰성 을 떨어뜨리는 신호를 보낼 것이다.

시금석(자신의 밈, ME meme)

"안녕하세요, 나는 마크 조이너예요. 30분 안에 당신과 섹스 를 못 하면 무료예요."

그렇다, 저 말은 효과가 없을 것이다.

자신을 홍보하기 위한 시금석은 형태가 조금 다르다.

컨설턴트로서 자신을 홍보한다면, 말로 된 시금석은 다른 제품 때와 마찬가지로 효과가 있다. 만약 당신이 전문직 종사 자라면, 자신의 제안을 더 분명하게 말할 수 있고, 하고 싶은 대로 할 수 있다.

비즈니스 세계 밖에서는 조금 덜 직접적인 방법으로 접근해야 한다. 그건 어쩌면 세상의 본능적인 위선일 것이다. 사회가 우리에게 강요한 자의적인 규칙일지도 모른다. 어떤 이유로든, 개인의 상호작용에서 우리의 제안을 조금 더 교묘하게 전해야 한다.

제안의 본질을 솔직하게 말할 수 있지만, (물론 상황에 따라 다르지만) 누군가에게 강요할 수 없을 것이다.

당신의 시금석은 하나의 밈이다. 사람들이 당신을 처음 만났을 때 다양한 정보들이 모여 하나의 생각, 즉 당신에 대한 밈을 만든다. 난 누군가를 처음 만날 때, 내 외모, 자세, 표정, 차림새, 의상, 입에서 나오는 첫마디를 의식한다. 이 모든 것이 모여 마이크 조이너 밈을 형성한다.

당신이 원하는 것에 따라, 당신의 밈은 목적에 적합할 수도 그렇지 않을 수도 있다. 만약 멋진 데이트 상대를 찾는 것이라면, '당신의 영업 사원인 나를 믿어라' 밈을 바꾸고 싶을 것이다.

이런 요소들을 바꾸는 방법은 완전히 주관적이다. 이상적인 조건에서 MJ 밈을 구성하는 요소는 다음과 같다.

깨끗하고 다림질된 유행을 따르는 옷

시내에 나간다면, '약간 파격적'인 요소를 넣는다. 공적으로
연락을 하는 경우, '전문가적'인 요소로 대신한다. 다른 밈 요소
는 다음과 같다.

흠잡을 데 없는 몸단장

친절한 미소

자신감 있는 자세

사교적이고 친절한 성격

빛나는 나의 정신

상대방의 마음을 열게 하는 다정한 첫마디

시간이 흐르면서, 그것이 내가 세상에 표현하고 싶은 것임
을 깨달았다.

어떤 사람들은 저 말을 읽고 토하고 싶을 것이다. 괜찮다.
냉소적이고 빈정거리는 사람들은 나 같은 사람을 좋아하지 않
을 수도 있다. 그래도 괜찮다. 내 시금석(MJ 밈)으로 그 사람들
을 바로 거를 수 있다. 난 그런 사람들 주위에 있고 싶지 않고,
그 사람들도 그럴 것이다. 걱정하지 마라.

알겠는가? 시간을 덜 낭비한다. 신호가 더 많을수록, 잡음이 덜하다.

나는 당신의 시금석이 무엇이든 신경 쓰지 않지만, 자신에게 물어보는 것이 현명하다. 자신의 목적에 부합하는가?

만약 당신의 시금석이 외모에만 관심이 있는 잘난 체하는 속물이라고 말하는데, 속으로는 매우 현실적이고 진실한 사람들을 만나고 싶다면, 목적에 부합되지 않을 것이다.

한편 사람들의 시금석이 그들에 대한 나의 판단에 얼마나 영향을 미치는지에 대해 신경을 쓰도록 단련했다. 대부분 사람들이 세상에 투영하는 이미지는 진짜가 아니다. 우리의 머리를 아둔하게 만들고 우리 자신과는 다른 가치를 주입한 할리우드 때문이다.

동시에, 의도와 상관없이 사람들이 선택한 시금석은 자신들 것이고, 그것은 그들의 본래 모습에 대한 몇 가지 실마리를 알려준다.

즉 그 이유가 무엇이든지 간에, 누군가의 꼴이 말이 아니라면, 그 사람의 인생이 아주 엉망이라는 걸 보여주는 것일 수 있다.

또 한편으로는 세상에서 멋지게 꾸민 남자가 엉망이 될 수도 있다.

높은 ROI 제안

자신을 홍보하는 데 있어 4가지 핵심 질문이 어떻게 작용하는지 대해 읽었다면, 내가 무슨 말을 하려는지 이미 알고 있을 것이다.

만약 당신의 제안이 알맞은 비용으로 큰 수익을 가져다준다면, 영업이 쉬울 것이다.

이것은 상황을 살피는 데 얄팍한 방법인가?

자신을 홍보하는 면에서 인생을 바라보는 건 교묘하지 않은가?

그렇지 않다. 오히려 이런 식으로 인생을 바라보면 당신이 다른 대안보다 훨씬 더 진정성 있게 행동할 수 있다.

신뢰성

한 번 더 말하지만, 당신의 제안은 어느 정도 신뢰성이 있어야 한다.

당신의 제안이 진짜라고 하기에는 너무 좋은 거래라면("있죠, 난 당신의 친구가 되고 싶어요. 당신에게 남자 친구가 있다는 거 존중해요. 정말이에요!") 사람들은 바로 당신을 회의적으로 대할 것이다.

누군가는 당신의 밈을 구성하는 요소인 버릇과 외모 등을 보고 당신의 신뢰성을 평가한다.

나는 몇 년 전에 홍보를 고려하던 회사를 방문한 적이 있다. 이틀 동안 그들은 모든 일을 완벽하게 했다.

내가 떠나던 날 아침, 회사 사장이 나를 공항까지 태워다 주었다.

그는 나에게 했던 말 한마디로 모든 거래를 망쳤다. 그는 나에게 회사 지분 일부를 $50,000에 제안했다.

자, 이 말은 바로 나에게 몇 가지를 말해줬다.

1. 그 회사는 내 생각만큼 재정 상태가 좋지 않았다.
2. 아마도 우리 관계에서 정말 원하는 것에 대해 솔직하게 밝히지 않았을 것이다.

신뢰성을 해치는 말 한마디가 모든 거래를 망쳤다.

당신의 모든 말과 행동도 사회적 상호작용에 똑같은 영향을 미친다.

위대한 공식

위대한 공식의 요소가 기억나는가?

거절할 수 없는 제안

목마른 사람들

두 번째 잔

만약 당신이 위의 규칙을 따르고 정말로 거절할 수 없는 제안이 있다면, 두 번째 잔 영업도 무조건 성사된다. 사람들이 당신의 제안을 계속해서 원하지 않을 이유가 있겠는가?

어디를 가든지 그곳에 있는 사람들에 대해 추측할 수 있는 확실한 가정이 있다. 예를 들어, 생각하고 있는 프로젝트를 지원하고 싶은 사람들을 만나고 싶다면, 해변으로 가서 그런 사람들을 찾겠는가? 아이들에게 좋은 엄마가 될 수 있는 멋진 여자를 만나고 싶다면, 스트립바에 갈 것인가?

무슨 말인지 알겠는가? 목마른 사람들이 있을 만한 곳을 찾아서 그곳에서 시간을 보내라.

사회적 관습이 허용하는 제안에 대해 최대한 솔직하게 밝힘으로써 잠재 고객을 더 자세히 구분할 수 있다.

고객이 미리 정해진 경우에는 해당 사항이 적용되지 않을 수 있다. 자녀나 친구들에게 적용할 수 있는가? 당연히 할 수 없지만, 그 관계에서 당신이 내미는 것이 진정으로 양측 모두의 이익에 부합된다면 두 번째 잔을 내밀 수 있다.

문제는 우리가 우리 자신에만 초점을 맞추다 보니 때때로 우리가 사랑하는 사람들이 원하는 것과 완전히 맞지 않을 때가 있다.

입소문

만약 사람들이 당신에게서 물건을 산다면, 무엇을 팔든 소문이 날 수밖에 없다.

사람들이 당신의 밈을 퍼뜨릴 방법이 없기 때문에 그 역학 관계는 조금 다르지만, 아주 쉽게 알 수 있는 정보인 당신의 이름을 퍼뜨릴 수 있다.

이것이 중요한가?

당신의 평판이 당신보다 앞서면, 문제에 도움이 될 것이라고 생각하는가?

아마도 작은 외적인 상황에 따라 그 점이 더 분명해질 것이다.

나는 프레임이 매우 미묘하고 거의 무의식적이기 때문에, 매우 강력하다고 생각한다. 또한, 사전 프레임pre frame 정보를 이미 필터링되지 않은 상태로 받아들이는 마음속 무언가와 연관 지었기 때문이다. 즉, 누군가와 신뢰를 쌓으면 그 사람들한테서 얻은 정보는 우리의 정신적인 필터를 우회해 신념의 중심을 깊숙이 파고든다.

아직 프레임의 힘을 이해하지 못한다면, 자신의 마음을 세심히 살펴보길 바란다. 자신의 믿음이 자신의 의견에 어떻게 영향을 미치는지 보아라. 당신의 정치적 성향은 어떤가? 상대방의 대표가 말하는 것을 들었을 때, 어떻게 반응하는가?

또한 사전 프레임 정보가 다른 사람들의 의견에 어떤 영향을 미치는지 주목하라.

언제가 재미있는 실험으로 당신이 고른 윙맨wing man과 함께 이렇게 해 봐라.

잠깐. 아마도 당신은 수고를 감수하지 않고도 어떻게 이 상황이 흘러갈지 이미 알 것이다.

이제 프레임의 힘을 알겠는가?

적절한 사전프레임이 있다면, 목표 달성을 위해 다른 설득 방법이 필요하다고 생각하는가?

이것이 입소문이 세상에서 가장 강력한 마케팅 형태인 이유이다.

주의 사항: 이 원칙을 처음 배운 몇몇 사람들은 사람들을 속이는 데 쓴다. 당신이 거짓말한다는 걸 사람들이 알게 되면, 두 번째 잔을 잃게 될 뿐만 아니라, 입소문이 당신의 삶에 역효과를 미치기 시작할 것이다.

1. 사는 곳에서 멀리 떨어진 지역으로 가라.

2. 윙맨과 함께 바나 클럽에 가서, 윙맨에게는 5분 뒤에 들어오라고 하고 누군가와 대화를 시작하라.

3. 친구가 바에 들어오기 전에, 절반의 시간 동안 대화상대에게 당신의 친구가 유명 영화 제작자라고 말해라. 나머지 절반의 시간에는 그 사람이 폭행죄로 교도소에서 나왔다고 말해라.

4. 그 말을 들은 사람들이 그에게 어떻게 반응하는지 보라.

세상에서 최고의 설득 비법

이 한 가지 비결을 이해한다면, 설득에 관한 다른 책을 거의 모두 읽지 않아도 멋진 성과를 낼 수 있다.

내가 평생 설득에 관해 연구했고, 이 주제에 대해 좋은 평가를 받은 책을 썼고, 많은 다양한 전후 관계와 승부처에서 설득이 어떻게 이뤄졌는지 봐왔다는 점을 잊지 마라.

난 다음 개념이 모든 설득 원칙에서 비장의 카드라고 말할 수 있다. 바로 프레임이다.

프레임은 당신의 메시지가 아니다. 당신의 메시지보다 앞서는 메시지다. 무슨 말이냐고? 계속 읽어보라.

미술관에서 작품을 보고 있다고 잠시 상상해보라. 그 작품에 대해 어떤 가정을 할 것인가?

기본 전제는 그 작품이 미술관에 있을 만한 가치가 있다는 것이다. 틀림없이 훌륭한 것이다. 똑같은 작품을 거리 예술사가 파는 걸 봤다면 어떤가? 그 작품에 대한 인식이 다를 것이라고 생각하는가? 그 사람이 실력이 있다면, 왜 거리에서 작품을 팔고 있냐는 뜻이다.

나는 이 원칙에 가장 최고의 설명을 가장 뜻밖의 장소에서 들었다. 1999년 드류 베리모어 주연의 〈25살의 키스(Never Been Kissed)〉라는 여성 관객을 겨냥한 영화(chick flick)였다.

드류 베리모어는 요즘 10대의 삶에 관한 기사를 쓰기 위해 고등학교에 잠입 취재하는 기자를 연기했다. 베리모어의 캐릭터는 고등학교 때 따돌림을 당했고, 잠입 취재 때도 여전히 어울리기 힘들어한다. 반면 고등학교 때는 인기 있는 야구선수였지만 성공하지 못한 그녀의 남동생은(데이빗 아퀘트 역), 가짜 신분으로 전학을 와서 누나를 돕기로 한다. 그는 순식간에 학교에서 최고의 인기남이 되었고, 누나의 자존심을 살리기 위해 행동에 나섰다.

그는 한때 그녀가 자신의 여자친구였고 자기를 차버렸다고 모두에게 말했다. 그녀가 얼마나 대단한지 진심으로 말했고, 그녀는 하루 만에 잘나가는 학생들 무리에 낄 수 있었다.

그는 이 상황을 한 줄 대사로 요약했다. "조시, 멋지게 보이고 싶으면, 멋진 아이가 너를 좋아하게 하면 돼."

다른 멋진 사람이 당신을 좋아하면, 이것으로 당신에 대한 모두 사람의 생각 프레임이 미리 만들어진다.

심지어 멋진 아이들조차도, 자신들이 바보 같다는 비밀을 사람들이 알아낼까 봐 굉장히 두려워한다는 것이었다. 멋진 사람들은 무언가를 받아들이고 인정한다. 지금은 들키지 않고 즐기는 것이다.

어느 정도 타당한 분석이라고 생각한다.

영업 사원에게
전하는 말

당신이 어떤 조직의 영업사원이고, 거절할 수 없는 제안이 뒷받침되지 않는 제품을 판매한다면 무력감을 느낄 것이다.

그렇다, 그런 호사를 누릴 수 있는 영업사원들은 훨씬 쉽게 일을 할 수 있다. 그러나 그중 한 명이 아니더라도 절망하지 마라. 성과를 극적으로 향상시킬 수 있는 생각들을 적용할 수 있는 방법이 여전히 많다.

다음 사항을 참고하라.

1. 첫 번째 판매는 당신 자신이라는 것을 기억하라.

고객들이 당신에게서 제품을 구매하기 전에, 영업사원으로
서 자신을 알려야 한다.

'3초 안에 자기 홍보하기' 챕터로 돌아가서 다시 읽어라.

2. 당신의 시금석은 무엇인가?

영업에 도움이 되는 혹은 되지 않은 것인가?

한 번은 모발이식 회사에 전화해서 (그렇다, 점점 머리가 빠져서
그 문제를 해결하려고 했다.) 상담을 받으러 오라는 말을 들었다.
보통 이런 회사들은 전화로 너무 많은 것을 알려주지 않고, 말
만 번지르르하게 하는 영업 방식에 영향을 받을 수 있도록 당
신을 사무실로 끌어들인다.

나는 매우 세련되고 전문적인 영향력을 기대하며 갔다.

그 대신 나는 완전히 놀랐다. 영업 사원은 머리에 우스꽝스
럽게 부분 가발을 걸치고 나를 맞이했다. 바로 그 순간에 거래
는 거의 물 건너갔지만, 나는 가지 않고 기회를 엿봤다. 이건
어쩌면 나쁜 예이고 대머리가 되는 건 정말 별로다.

중고차 영업 사원이 학습 장애가 있는 5살짜리 아이에게 친절하게 말하려는 모습을 상상해보면, 그 모습이 이 남자가 나에게 말하는 방식보다 덜 모욕적일 것이다.

그런 모습을 잠재 고객에게 보여주지 않길 바란다. 솔직하고 존경을 담아서 진심인 모습을 보여주길 바란다. 그렇지 않다면, 당신 자신과 세상을 위해 영업에서 손을 떼라.

거절할 수 없는 제안으로 마케팅하는 제품 판매 시 해야 할 일

이렇게 운이 좋다면, 축복 받은 것이다. 영업은 아주 수월해진다.

사실, 아직 준비되지 않은 많은 잠재 고객들에게 말을 거는 것이 아니다.

질문에 정직하게 대답하고, 도움을 주고 당신의 제품이 이 고객에게 맞는지 솔직하게 자신에게 묻고, 그 점을 분명하게 전달하라.

만약 제품이 잠재 고객들에게 맞지 않으면, 빨리 정리하고,

그들을 도와줄 수 있는 누군가에게 보내고 (그래야 입소문이 더 좋게 난다.) 다음 잠재 고객에게 가라.

그렇다, 정말 간단하다.

거절할 수 없는 제안이 없는 제품 판매 시 해야 할 일

우선 이 책을 마케팅 책임자와 CEO에게 줘라. 당장 효과를 보지 못하겠지만, 어쩌면 1년 후에 알게 될 것이다. 책 내용을 마케팅에 포함하는 데 시간이 걸린다. (관료제도 수준에 따라 다소 시간이 소요된다.)

나중에 업무가 더 수월해지고 커미션을 더 받게 되면 스스로 고마워하게 될 것이다.

그동안 먼저 자신을 알려야 한다는 걸 잊지 말라.

다음으로, 거절할 수 없는 제안을 스스로 만들 수 있는지 확인해보라. 제품을 꼼꼼히 살피고 거절할 수 없는 제안을 만들어서 (조직이 당신이 원하는 일을 해도 될 만큼 융통성이 있다면) 잠재 고객에게 이용해 보기 시작하라.

제안의 ROI를 높일 수 있는 추가 혜택을 만들 수 있는가?

아마도 매출 통계가 증가하면 승진과 임금 인상으로 이어질 것이다. 한편, 어쩌면 커미션 인상만으로도 충분할 것이다.

용어사전

신뢰성 거절할 수 없는 제안의 세 가지 요소 중 하나. 신뢰성이 없으면, 당신이 제안해도 누구도 받아들이지 않는다.

4가지 핵심 질문 무언의 내적 대화에서 소비자는 구매하기 전에 자신에게 4가지 핵심 질문을 한다. 이 질문에 대한 답은 기업의 마케팅에 따라 이루어져야 하며 그렇지 않으면 거래는 성사되지 않는다.

"나한테 무엇을 제공하려는 걸까?"

"가격은?" (그 비용은 금전이거나 다른 것일 수도 있다.)

"나에게 무슨 이득이 있냐?"

"왜 내가 당신을 믿어야 하지?"

결합률 바이럴 마케팅 시스템에서 새로운 이용자를 생성하는 비율이다. 10일 결합률이 1.01이면 10일마다 1.01명의 새로운 사용자가 생긴다는 의미다. 원하는 기간의 비율을 계산할 수 있다.

비즈니스 핵심 원칙 비즈니스에서 반드시 해야 하는 단 한 가지는 '제안을 하는 것'이다. 고객에게 어떤 형태의 보상을 제공하지 않는다면, 당신은 비즈니스를 하는 게 아니다.

위대한 공식 오랜 비즈니스의 성공 방법이다. 목마른 사람들에게 거절할 수 없는 제안을 하고 두 번째 잔을 팔아라. 즉, 웜마켓(warm market, 이미 알고 있는 사람들이 있는 곳)에서 당신의 제품을 열망하는 사람들에게 거절할 수 없는 마케팅을 펼쳐라. 일단 고객들을 현혹한 후 그 관계를 활용해서 그들에게 필요한 부가 제품과 서비스를 판매함으로써 더 많은 돈을 벌 수 있다.

높은 ROI 제안 소비자에게 높은 투자 수익을 제공하는 제안이다. 소비자가 지불하는 돈의 가치보다 더 많은 수익을 내면, 그것이 높은 ROI 제안이다. 더 적게 낸다면, 그것은 부정적 ROI 제안이다.

거절할 수 없는 제안 거절할 수 없는 제안은 제품, 서비스 또는 회사가 중심이 되는 아이덴티티 구축으로, 믿을 수 있는 투자 수익이 아주 분명하고 효율적으로 전해져 그것을 지나치면 바보가 되는 것이다.

밈 다양한 전달 메커니즘(말, 그림, 행동 등)으로 한 곳에서 다른 곳으로 자신을 복제하는 정보 단위다. 리처드 도킨스(Richard Dawkins)가 『이기적 유전자(The Selfish Gene)』(1976년 출간)'에서 만든 단어다.

제안 강화 방법 제안의 영향을 강화할 수 있는 요소. 거절할 수 없는 제안 없이 제안 강화 방법을 이용해서 매출을 늘릴 수 있지만, 권장되지 않는다. 거절할 수 없는 제안의 영향을 향상하는 것일 뿐, 대체하는 것은 아니다.

위험 반전 가장 강력한 제안 강화 방법의 하나다. 소비자는 모든 구매를 위험으로 간주한다(4가지 핵심 질문 참조). 소비자가 어떤 위험도 감수하지 않는다는 것은, 소비자 걱정을 덜어줌으로써 매출에 큰 영향을 미칠 수 있다는 것이다. 여러 방법으로 덜어낼 수 있다. (제안 강화 방법 챕터 참조)

두 번째 잔 기존 고객에게 제품이나 서비스를 판매할 때마다 두 번째 잔을 판매하는 것이다.

특별 제안 거절할 수 없는 제안은 아이덴티티를 구축하는 제안이며, 특별 제안은 단기간 매출 증가를 위한 단기 거래다.

목마른 사람들 당신의 웜마켓이다. 제품이나 서비스의 홍보 없이도 그것을 열망하는 사람들이다.

두 번째 잔 규칙 초기 광고를 보는 사람은 누구나 3초 동안 그 제안이 자신을 위한 건지 아닌지를 결정한다. 당신의 시금석은 그 시간 내에 사람들을 확신시켜야 한다.

시금석 거절할 수 없는 제안의 세 가지 요소 중 하나. 3초 이내에 제안의 핵심을 전달한다.

무언의 내적 대화 무의식적으로 자신에게 말하는 내적 대화는 사람의 많은 행동을 결정한다.

바이럴 마케팅 생물 바이러스가 한 숙주에서 다른 숙주로 옮겨 다니는 것처럼 마케팅 메시지를 퍼트리기 위해 기술을 이용하는 입소문 마케팅의 유사체.

입소문 마케팅 때로는 그저 개인적인 말로 추천하면서 마케팅 메시지를 한 사람으로부터 다른 사람에게 수동적으로 전달하는 것.

RE·ISSUE SERIES | 05

THE
IRRESISTIBLE
OFFER

거절할 수 없는
제안

1판 1쇄 펴낸날 2025년 1월 6일

지은이 마크 조이너
옮긴이 조기준

펴낸이 나성원
펴낸곳 나비의활주로

책임편집 김정웅
디자인 BIG WAVE

전화 070-7643-7272
팩스 02-6499-0595
전자우편 butterflyrun@naver.com
출판등록 제2010-000138호
상표등록 제40-1362154호
ISBN 979-11-93110-52-2 03320